基礎知識と実務がマスターできる Q&A いまさらシリーズ

いまさら人に聞けない
「四半期決算書」の読み解き方

井端和男［著］

セルバ出版

はじめに

　四半期決算書は、各証券取引所の開示の求めに応じて、大部分の上場会社によりすでに公開されていますが、四半期決算書の作成が法制化されていないことや、監査法人などによる監査が実施されていないなどで信頼性に問題があります。

　2008年4月1日以降開始する事業年度からは、上場会社等では四半期報告書を提出することが金融商品取引法により義務づけられます。

　この法制化に伴い、四半期決算書の作成基準の制定や、監査に代わる米国などで実施されているレビューのような制度の導入が予定されていますので、四半期決算書の質と信頼性の向上が期待されます。

　開示される四半期決算書は、季節変動の影響を受ける企業や、年度末の会計処理に疑問のもたれる企業などの財務分析に強力な武器となるものです。年度末の架空売上高の計上や利益先食いなどの利益操作の実行を困難にする効果もあります。

　本書は、開示されている上場会社の四半期決算書について、標準的な様式と開示会社独自の様式を例示しながら、投資家などの利害関係者が読み解くための基礎知識、読むポイントや分析のノウハウをまとめています。

　また、情報を効果的に読み解くにはそれなりの工夫や知識が必要な四半期決算書について、特徴などを読み解きながら、実例で四半期決算書を読み解くための具体的分析法を紹介しています。

　本書による四半期分析法は、公開四半期決算書の分析実務から得た知識の集大成であり、新しい金融商品取引法による四半期報告書の読み解き方にも十分対応できると考えています。

　本書が四半期情報を利用される投資家などの方々のお役に立つことを念じています。

平成18年8月

井端　和男

いまさら人に聞けない「四半期決算書」の読み解き方　目　次

はじめに

1　四半期決算書ってなに・その活用法は
- Q1　四半期決算書ってどういう情報のこと ………………………… 6
- Q2　四半期決算書でわかる企業情報は ……………………………… 9
- Q3　四半期決算書を作成しなければならない会社は ……………… 12
- Q4　四半期決算書の開示が求められる理由は ……………………… 15
- Q5　四半期決算書の開示内容は ……………………………………… 19
- Q6　四半期決算書の閲覧・入手方法は ……………………………… 27
- Q7　四半期決算書の利用法は ………………………………………… 28
- Q8　四半期決算書を読み解く手順は ………………………………… 32

2　四半期決算書の効用・問題点は
- Q9　四半期決算書の作成基準は ……………………………………… 36
- Q10　"作成手引"の構成・内容は ……………………………………… 38
- Q11　四半期決算書の監査は …………………………………………… 41
- Q12　四半期決算書の信頼性は ………………………………………… 44
- Q13　季節変動の激しい会社の四半期決算書の問題点は …………… 46
- Q14　年度末の利益操作を見破るには ………………………………… 48
- Q15　業績予想の確度向上は …………………………………………… 49

3　四半期決算書「四半期財務・業績の概況」の読み解き方は
- Q16　「四半期財務・業績の概況」を読むにあたって注意することは ……………………………………………… 53
- Q17　四半期財務情報の作成等に係る事項を読むポイントは …… 58
- Q18　経営成績の進捗状況を読むポイントは ………………………… 60
- Q19　財政状態の変動状況を読むポイントは ………………………… 63
- Q20　業績予想を読むポイントは ……………………………………… 65
- Q21　簡便な手続ってなに・読むポイントは ………………………… 69
- Q22　連結固有の事項ってなに・読むポイントは …………………… 71

Q23	四半期(連結)貸借対照表を読むポイントは	76
Q24	四半期(連結)損益計算書を読むポイントは	79
Q25	四半期(連結)キャッシュフロー計算書を読むポイントは	84
Q26	セグメント情報を読むポイントは	91

④ 四半期決算書の分析法・読み解き方は

Q27	四半期決算書分析って必要なのはなぜ	97
Q28	四半期決算書分析ってどうやればいい	99
Q29	回転期間でわかることは	102
Q30	3要素総合残高によりわかることは	106
Q31	時系列分析法でわかることは	108
Q32	四半期ごと変動パターン分析でわかることは	110
Q33	運転資本要素の変動パターン分析でわかることは	112
Q34	同業他社との比較分析でわかることは	115
Q35	四半期キャッシュフロー分析でわかることは	117
Q36	投資・財務キャッシュフローの分析・読むポイントは	122
Q37	借入金分析でわかることは	126
Q38	四半期損益分析でわかることは	129
Q39	売上高の分析・読むポイントは	133
Q40	販売費及び一般管理費の分析・読むポイントは	138
Q41	四半期決算書診断の手法・その読み解き方は	140
Q42	四半期決算書による粉飾発見法は	144

⑤ 実例による四半期決算書の分析・その読み解き方は

Q43	回転期間分析を読むポイントは	147
Q44	時系列分析を読むポイントは	152
Q45	四半期ごと変動パターン分析を読むポイントは	155
Q46	同業他社との比較分析を読むポイントは	159
Q47	キャッシュフロー分析を読むポイントは	165
Q48	損益計算書分析を読むポイントは	170
Q49	情報開示姿勢問題会社の四半期決算書を読むポイントは	175
Q50	M&Aが盛んな会社の四半期決算書を読むポイントは	181
Q51	粉飾疑惑のある会社の四半期決算書を読むポイントは	186

Q1 四半期決算書ってどういう情報のこと

Answer Point

♣四半期決算書とは、3か月ごとに作成される決算書のことです。
♣四半期決算書は、年次決算書に比べ、科目構成などが簡単なものが多く、簡略な会計処理法が採用されることもあります。
♣四半期決算書は、会計基準もなく、正規の監査も行われませんので、信頼性に問題があります。

♣四半期決算書というのは

　四半期決算書とは、1年を4区分して四半期に分け、第1四半期と第3四半期に作成される決算書のことです。第2四半期には中間決算書が作成され、第4四半期には年次決算書が作成されます。

　第1四半期及び第3四半期の決算書が作成されるときは、中間決算書や年次決算書も一種の四半期決算書になりますが、四半期決算書と呼ばれるのは、通常は第1と第3四半期決算書だけです。

　第3四半期決算書には、2種類のものがあります。期首から第3四半期末までの9か月の累計値を対象とするもの（以下、累計型といいます）と、第3四半期の3か月だけを対象とするもの（以下、単独型といいます）です（累計型と単独型についてはQ7参照）。

　図表1は、3月決算の会社の場合で、1会計期間内に作成される各種決算書と、期間との関係を示したものです。

【図表1　各四半期決算書と期間との関係】

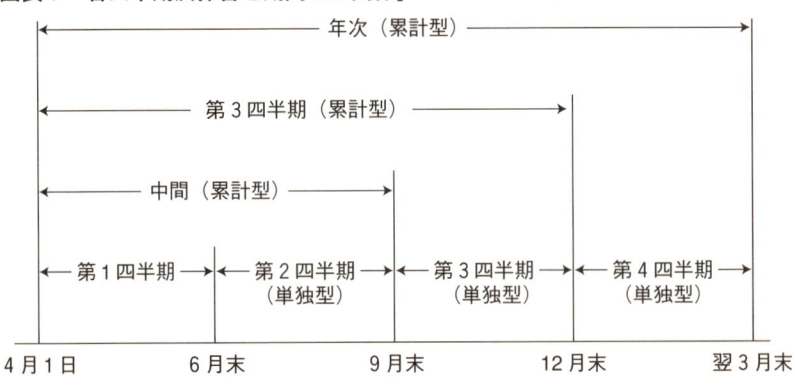

```
|<----------------------- 年次（累計型） ----------------------->|
|<---------------- 第3四半期（累計型） --------->|
|<------ 中間（累計型） ------>|
|<-第1四半期->|<- 第2四半期 ->|<- 第3四半期 ->|<- 第4四半期 ->|
              （単独型）      （単独型）      （単独型）
4月1日      6月末          9月末         12月末         翌3月末
```

次に、現在の四半期決算書の作成についての特徴をまとめましょう。

♣ **現段階は法定開示ではない**

　四半期決算書は、年次決算書や中間決算書のように法定開示ではなく、上場会社等について各証券取引所により開示を義務づけられているものです。

　作成は、中間財務諸表等規則・中間連結財務諸表規則に準じて、作成者の判断により行われますが、基本的にはQ10で説明する四半期検討委員会による作成手引と標準様式等により作成されています。

　したがって、四半期決算書では、中間決算書を更に簡略化したものがあり、極端なものでは、官報などで公告される貸借対照表や損益計算書の要旨に近い簡略なものもあります。

【図表2　四半期決算書の開示】

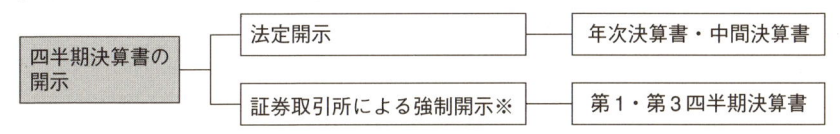

四半期決算書の開示	法定開示	年次決算書・中間決算書
	証券取引所による強制開示※	第1・第3四半期決算書

※2008年4月1日以後開始する事業年度から法定開示が義務づけられます。

　監査法人などによる正規の監査（一部で意見表明手続を実施）が行われていませんから、信頼性に問題があります。

♣ **年次決算書に比べて科目などが簡略化されている**

　決算書開示の頻度が増えると、年次決算書とは違った会計処理を行うことが必要になることがあります。また、決算書の開示回数が増えるに従って、手間や経済的負担が増えますので、簡略化が行われることもあります。

　中間財務諸表等規則の様式では、決算書の科目が簡略化されています。固定資産の部が特に簡略化されていて、有形固定資産、無形固定資産、投資その他の資産の大科目で一括され、明細は示されない様式になっています。

　ただし、中間連結財務諸表規則では、無形固定資産をのれんとその他に分類することになっています。

　通常の企業では、固定資産は短期ではそれ程大きく変化しませんので、その内訳などは1年単位で開示すればよいとの考えに基づくものと思われます。

　事実、四半期単位では、固定資産は細分されていなくても大きな支障にならないことが多いのですが、M&Aが盛んな企業では、無形固定資産ののれ

んだけでなく、投資その他の資産の投資有価証券や貸付金などが大きく変動することがあり、これらの変動状況がわからないと分析に支障を来たすことがあります。

♣手続面でも手抜きされていることがある

在庫品の実地棚卸は、決算手続として欠かすことのできない手続になっていますが、各四半期末には、実地棚卸が実施されないことがあるなど、年次決算書などに比べ、手続面でも手抜きされていることもあります。

また、有価証券や投資有価証券などの時価による評価替えなどが行われていなかったり、売掛金などの債権についての回収可能性の調査が行われていないため、必要な引当金が計上されていないこともありえます。

♣開示される決算書の種類などにも企業ごとにばらつきがある

決算書の種類も、業種や企業ごとにばらつきがあります。

四半期貸借対照表と四半期損益計算書は、作成して公開するものの、四半期キャッシュフロー計算書は公開しない企業があります。

また、年次や中間では連結と個別の両方の決算書の公開が義務づけられているのに、四半期では連結だけしか公開しない企業もあります。

♣四半期決算書作成の原則は

中間決算書の作成基準は、二つあります。一つは、上半期を一つの独立の会計期間とみなして、年次決算書と同じ会計処理基準を適用して作成するものです。もう一つは、年次決算を前提に、期間損益の予測に役立つ目的で作成するものです。

前者の場合には、原則として正規の年次決算書と同じ会計処理基準が適用されることになりますが、ある程度は正規の決算とは異なる基準を適用すべき場合が出てきます。わが国の中間決算書は、従来は後者の基準に基づいていましたが、現行の中間（連結）財務諸表規則は、前者によっています。

四半期決算書は、中間決算書に準じて作成されていますので、前者の基準に従い各四半期を一つの独立会計期間とみなして作成されることになりますが、簡便法の採用により、この原則から乖離することのあることが推察されます。例えば、定率法による減価償却を行っている会社で、年間減価償却予定額を4等分したものを各四半期の減価償却費にする場合などです。

Q2 四半期決算書でわかる企業情報は

Answer Point

♣四半期決算書の内容は、年次決算書よりも構造や中身が簡単なものですから、年次決算書以上の情報を含むものではありません。
♣四半期決算書のメリットは、四半期の財務および業績情報が迅速に入手できることです。
♣また、四半期決算書により、季節変動の影響がわかるとともに、四半期における異常な取引などが、年次決算書より明確に読み取れることがあります。

♣ **四半期決算書の構造や内容は年次決算書の水準を越えるものではない**

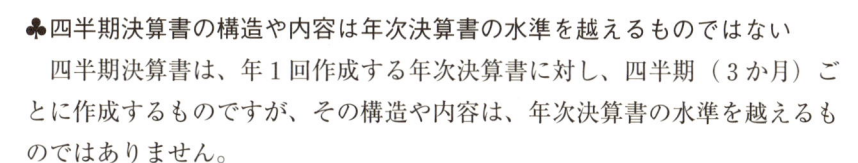

　四半期決算書は、年1回作成する年次決算書に対し、四半期（3か月）ごとに作成するものですが、その構造や内容は、年次決算書の水準を越えるものではありません。

　前述のとおり、四半期決算書は、年次決算書に比べ簡略化されていることが多いため、年次決算書よりも情報量が少なく、年次決算書で得られる情報が四半期決算書では得られないことが多い点に注意する必要があります。

　例えば、四半期損益計算書では、営業外費用が一括表示され、明細のないものが多いために、支払利息に関する分析ができないなどです。

　また、年次決算書では、注記表・附属明細書や、主な資産及び負債の内容表などがついていても、四半期決算書にはこうした表がついていないことが多いため、詳細な分析ができないことがあります。

♣ **メリット①／迅速に情報が入手できる**

　四半期決算書のメリットとしては、情報を迅速かつ適時に入手できることがあげられます。

　例えば、3月決算の会社で、年度初の4月に発生した取引についての情報を知りたいときを考えてみましょう。

　年次決算書しか入手できないときは、年次決算書は決算期末に締め切られたうえで作成され、株主総会の承認を得る必要がありますので、決算期後3か月以上経った後でないと入手できません。つまり、前年の4月に発生した取引についての情報は、翌年の7月以降でないと入手できません。決算短信

による場合でも、1～2か月早くなる程度です。

　これに対して四半期決算書は、株主総会の決議などの手続は不要ですので、普通は各四半期末から長くて2か月程度以内（金融商品取引法による開示制度の適用が始まると45日以内。Q3参照）に入手できますので、4月に発生した取引の情報は、遅くとも同じ年の8月中には入手できます。

♣ メリット②／業績予想などの四半期ごとの達成状況がわかる

　ほかにも、四半期決算書のメリットとして、業績予想などの四半期ごとの達成状況がわかることをあげることができます。

　例えば、期初に年間100億円の売上予想を立てていたとして、第1四半期に15億円、第2四半期に40億円、第3四半期に55億円の累積売上高があったとします。

　第3四半期での予算達成率は55％であり、各四半期において、年間売上高の4分の1程度の売上高が計上されるのが普通だとしますと、年度末までに100億円の売上高予想を達成するのは困難と予想されます。

　季節ごとに変化をすることが多い企業の業績や財政状態について、四半期情報よりは業績予想などの四半期ごとの達成状況がわかるのも、四半期決算書を入手することのメリットです。

♣ メリット③／シーズンの違いによる業績などの変化を知ることができる

　営業上繁忙期と閑散期の別がある企業では、四半期決算書により、シーズンの違いによる業績などの変化を知ることができます。

　繁忙期と閑散期の2シーズンだけなら、中間決算書によっても目的を達することができますが、各シーズンの初期と終期で業績や財政状態などに違いがあるのが普通なので、四半期決算書により、これら変化の局面ごとの状態を、より正確に知ることができます。

　また、例えば、季節性の影響で毎年決算期末には借入金が少ないが、シーズン入りをすると運転資金需要が増えて借入金が増える体質の企業では、決算期末の借入金残高などで財政状態を判断すると間違いを起こすことがあります。このような企業については、借入金残高が最大になる四半期末の状態により、財政状態などを評価する必要があります。

♣ メリット④／異常が浮き彫りになって発見が容易になる

　決算書の短期化により、年間では長期間の数字に埋もれて発見しにくい異

常などが浮き彫りになって、発見が容易になることがあります。また、入手の頻度が増えますと、より木目の細かい比較ができますし、異常などが早く発見できる機会が与えられます。

Q1で述べたように、第3四半期決算書には累計型と単独型の2種類がありますが、年間予算の達成度をみるためには、累計型の四半期決算書が便利です。

季節変動などによる四半期ごとの変動パターンをみたり、四半期において発生した異常などを探知する目的のためには、単独型のものが便利です。AOKIホールディングス（以下、AOKIといいます）の累計型と単独型の四半期損益計算書の例を示すと、図表3のとおりです。

【図表3　AOKIの2006年3月期四半期ごと損益計算書の累計型と単独型】(単位：百万円)

❶ 累計型

	第1四半期	中間期	第3四半期	年次
Ⅰ売上高	27,438	48,135	79,607	106,686
Ⅱ売上原価	14,706	26,701	43,117	57,745
売上総利益	12,731	21,433	36,490	48,941
Ⅲ販売費及び一般管理費	9,429	18,411	28,731	38,777
営業利益	3,302	3,022	7,757	10,163
Ⅳ営業外収益	717	1,457	2,254	3,002
Ⅴ営業外費用	508	1,026	1,528	2,055
経常利益	3,512	3,453	8,483	11,110

❷ 単独型

	第1四半期	第2四半期	第3四半期	第4四半期
Ⅰ売上高	27,438	20,697	31,472	27,079
Ⅱ売上原価	14,706	11,995	16,416	14,628
売上総利益	12,731	8,702	15,057	12,451
Ⅲ販売費及び一般管理費	9,429	8,982	10,320	10,046
営業利益	3,302	-280	4,735	2,406
Ⅳ営業外収益	717	740	797	748
Ⅴ営業外費用	508	518	502	527
経常利益	3,512	-59	5,030	2,627

注）❷単独型の各数値は、Q7の図表12の計算式により、筆者が❶から計算したものです。

図表3からは、例えば中間期について、累計型の売上高48,135百万円は、年間予想額104,500百万円に対して達成率が46.1％であることがわかりますし、単独型では、四半期の単独売上高では第2四半期が最小であり、その結果売上総利益も最小であるため、営業利益の単独値は赤字になっていることなどがわかります。

Q3 四半期決算書を作成しなければならない会社は

Answer Point

♣四半期決算書は、現段階では、各証券取引所の内規に従って作成が強制され、公開されています。
♣2008年4月1日以降に開始する事業年度からは、金融商品取引法により四半期決算書の作成が義務づけられます。
♣四半期決算書の作成が義務づけられていない会社でも、自社の経営管理のために、四半期決算書の作成が求められます。

♣**現段階では各証券取引所の求めに応じて作成**

　四半期決算書は、現段階では法令などで作成を強制されていませんが、各証券取引所の求めに応じて作成されています。
　しかし、各証券取引所の作成要領や様式等に従わず、不完全な四半期決算書しか公開していない会社や、決算書と呼べるようなものをまったく公開していない会社もあります。
　作成要領などと違ったものを作成している会社では、その理由として
(1)　取引に季節性が強いなどで、四半期決算書は投資家に誤った判断をさせる
(2)　自社の情報公開には自社流の開示方法や内容が最適である
などをあげていますが、実際には、業績不振などの現況を知られたくないため、四半期開示に消極的な会社の多いことが推察されます。
　いずれにしても、他社が公開している水準の情報公開を渋っている裏には、投資家などに知られたくないネガティブな事情があることを疑って、マイナスの評価をするのが適当であると考えます。
　建設業のように"みんなで渡れば怖くないスタイル"で業界ぐるみで開示を拒否する場合は別として、通常の企業では一般の水準並みの開示をしないと、それだけでマイナスの評価を受けるのが普通です。
　マイナス評価を受けることを承知のうえで、なお開示を渋るというのには、それなりの理由があると考えるべきです。
　法令により横並びに揃えさせることが必ずしもよいこととは限りませんが、法令によって規定されていなくても、全体のコンセンサスとして定着化

した制度は、投資家などの最低限のニーズを集約したものであるのが普通ですので、法令により強制されないでも、企業としては従うべきものではないでしょうか。

♣2008年4月1日以後開始する事業年度からは四半期報告書提出を義務づけ
　2006年（平成18年）6月に公布された金融商品取引法では、上場会社等に対して、これまでの半期報告書に代わり、四半期ごとに経理の状況その他の事項を記載した四半期決算書を提出することを義務づけられました。
　これにより半期報告書は、第2四半期報告書になります。半期報告書は、半期終了後3か月以内に提出することとされていましたが、四半期報告書は、すべて四半期終了後45日以内に提出することとされており、迅速な適時開示が重視されています。
　四半期報告書提出の規定は、2008年（平成20年）4月1日以降に始まる事業年度から適用されることになっていますので、現在、企業会計基準委員会の手で四半期報告書の作成基準についての検討が行われています（2005年（平成17年）12月27日には「四半期財務諸表の作成基準に関する論点の整理」が公表されています）。

♣強制されないでも四半期決算書の作成は必要
　証券取引所の内規などで作成を強制されている上場会社以外の一般会社でも、経営管理のためや金融機関などの要求に基づいて、月次決算書や四半期決算書を作成しているところが多いと思われます。
　また、会社法施行後に、配当を年4回行うことを考えている会社は、四半期決算書の作成が必要になります。
　情報化時代の現在では、自社の財務情報の重要性は増えています。未上場の一般の企業にとっても、経営管理上、四半期決算書の作成程度が必要事項になっています。
　月次決算書を作成しているため、改めて四半期決算書作成の必要性がないと考えている企業もあります。しかし、季節性の強い会社では、四半期決算書によって季節ごとの業績や財政状態の変動を把握して、季節ごとの経営戦略の策定などに役立てる必要があります。

♣投資家や債権者に進んで四半期決算書や月次決算書の提供を
　四半期決算書や月次決算書を作成している会社で公開が義務づけられてい

ない会社でも、投資家や債権者に対して、進んで四半期決算書や月次決算書を提供して、財務公開に積極的であることを態度で示すことが望まれます。

それにより、会社と投資家や債権者との間の意思疎通が円滑になって、相互の関係良化に役立ちますし、会社側でも外部に公開していることで、緊張感をもった経営ができます。

場合によっては、外部からの意見や知恵を受け入れることができるなどで、会社側にも利益のあることが多いのです。

♣任意作成のときの開示は

任意に四半期決算書を作成する場合には、少なくとも貸借対照表と損益計算書程度は作成する必要があります。その様式は、提出先のニーズなどにより多少内容が違いますが、中間財務諸表等規則で要求している程度のものが必要でしょう（中間財務諸表等規則の規定についてはQ9参照）。

少なくとも流動資産や流動負債については、残高が大きく、変動の激しい科目は独立表示すべきですし、受取手形が多い企業では、受取手形と売掛金を一括表示するのでなく、それぞれに表示することが求められます。

また、ほかに重要な科目があれば追加しますし、関係会社との取引に重要性がある場合には、関係会社に関する科目を独立して表示するか、注記をします。貸借対照表については割引手形や裏書譲渡手形、保証の注記は必ず記載します。

損益計算書については、販売費及び一般管理費のうち、重要な科目の金額などを注記するなどの配慮が求められます。

提出先の求めに応じてセグメント情報を添付したり、種類別、取引先別売上高などの開示などが必要になることもあるでしょう。

任意提出の情報であるとはいえ、企業会計原則や会計慣行に従う必要があり、特別な会計処理を行っている場合や、会計処理の手続を変更した場合などは、適切な注記などによりその旨を開示する必要があります。

法令が要求する以上のものを作成するのですから、同じ手間を掛けるのなら、利用者のニーズに適合した効果的なものをつくるべきです。

年次予算を作成している場合には、予算を修正した場合も含めて公開することが望まれます。季節要因やその時々の特殊要因などで、予算の達成率が著しく遅れている場合などには、その理由などを説明しておけば、仮に、年度末に予算が大幅未達に終わったときでも、利用者側で未達の理由について納得しやすく、ショックが少なくてすむからです。

Q4 四半期決算書の開示が求められる理由は

Answer Point

♣経済情勢が早いスピードで変化する現在では、迅速できめ細かな情報の開示が求められています。
♣国際的な開示の水準に合わせるためにも、四半期決算書の開示が求められます。
♣季節ごとの特性や変化を読むために、四半期決算書の開示が求められます。
♣期末業績の予想のためにも、四半期決算書の開示が求められます。
♣四半期決算書は、異常発見に効果を発揮します。
♣作成者自身の経営管理のためにも、四半期決算書の作成が求められます。

♣四半期決算書の作成と公開を最初に決めたのは

　四半期決算書の作成と公開を最初に決めたのは、東京証券取引所のマザーズですが、赤字でも上場が認められることがある新興株市場企業では、業績の安定性に欠けたり、財務内容が激しく変動することなどが多いため、より迅速でかつ適時の情報開示を求めることになったものです。

　東京証券取引所は、全国の証券取引所、日本証券業協会及びジャスダックと合同で、「四半期財務情報の作成及び開示に関する検討委員会」(以下、四半期検討委員会といいます) を設置していますが、2003年(平成15年) 3月7日開催の委員会で、四半期開示の必要性について、図表4のような意見をまとめています。

【図表4　四半期開示の必要性】

四半期開示の必要性	①新興市場のみならず、継続性のリスクを把握するため、全社に四半期開示は必要である。
	②四半期開示はIRの側面からも必要。木目細かな開示により、企業にとっては、経営管理上、投資家ニーズへの対応、選択的開示の回避、投資家にとっては、事業進捗状況の把握、企業との対話機会の増加といったメリットがある。
	③諸外国との関係、証券市場への資金流入を促すためにも、四半期開示は重要である。
	④四半期開示を考えるにあたり、基本は、投資家の投資判断に役立つ開示にすべきであり、収益予想に役立つレベルでの開示が望ましいと考える。

♣四半期開示の理由は

　要は、財務情報を迅速かつ適時に開示させることによって、投資家のリスクを軽減させること、国際的な開示の水準に合わせること、作成者の内部管理にも必要であること、などが四半期決算書を開示する理由であるというものです。

　特に、最初の理由は、変動が激しく日進月歩の現在の経済社会では、会社の業績や、財政状態の変化などを決算期に合わせて年間に1回または2回しか知ることができないのでは、投資家も債権者も情報不足によるリスクが高すぎるとして、開示の頻度を増やす必要があること、その場合、期間があまりに短か過ぎても、作成者側の負担が重くなる割には効果が少なくて現実的でないことが多く、期間を短く区切るほど、会計処理上困難な問題が発生することが多いなどで、四半期程度を単位とするのが適当とされたものと推察されます。

　わが国の企業では、春夏秋冬の四季に合わせて業績や財政状態が変動するのが普通であり、その意味からも四半期に区切るのは合理的であることが多いと思われます。

♣国際的な開示の水準に合わせる

　四半期検討委員会では、現在は四半期決算書の開示が国際的な常識になっているため、わが国でも四半期決算書を開示しないと、国際化の波に乗り遅れること、外国からの資金調達に支障をきたすことを理由の一つとしてあげています。

♣季節変動に対応した情報の入手する

　季節の影響を受ける企業では、春夏秋冬の四季ごとの変動をみる必要があります。

　繁忙期と閑散期の2シーズンしかない企業でも、繁忙期入りとその終期、閑散期入りとその終期とでは財務変動のパターンに違いがあり、四半期決算書による分析が不可欠な企業があります。

♣四半期決算書は異常の発見にも効果的

　期間を短く細分するほど、異常な現象が目立ちますので、粉飾などの発見が容易になります。

　特に年度末に翌年度の利益を先食いしたり、利益を水増しした場合には、

他の四半期に比べ、売上高や利益が異常に膨らむことが多いので、異常が目につくようになります。

また、ある期間に異常と見なされる現象を探知したからといって、直ちに粉飾などの異常と断定できないのが普通です。たまたまの現象で異常にみえることもあります。

この場合には、翌期、場合によっては翌々期と追跡調査をして、本当の異常か、たまたまの現象であったかを確かめるのですが、次の期までの期間が短いほど、この確認が短期でできる可能性があります。

このような、短期間に絞って木目の細かい分析をするためにも、四半期決算書の入手が必要です。

♣ 作成会社自身の必要のため

更に、作成会社側でも、経営管理上少なくとも四半期程度の頻度で業績を知ったり、財政状態の現状を知ることが必要であることがあげられます。また、四半期ごとの業績は期末の業績予想にも役立つことがあげられます。

木目の細かい情報を入手できることによって、利用者にとって粉飾の発見が容易になる効果があることは前述のとおりですが、四半期決算書の公開は、企業側にとっても粉飾をすることが困難になり、粉飾にブレーキをかける作用をすることも期待されます。

四半期決算を正しく実施していますと、期末にはそのまま年次決算の体制に持ち込めますので、年次決算の手続をスムーズに進めることができます。

監査人のほうでも、監査手続を期中に分散して実施できるし、四半期ごとに段階的に実施できますので、期末の監査がスムーズに実施できるようになります。

これまでの例では、年次決算の過程で監査人との間に意見の不一致のあることが判明し、決算発表ぎりぎりになって、業績予想値の大幅下方修正をしたり、決算発表が遅れたりして、信用低下に繋がることが多かったのです。

四半期ごとに監査人の正規の監査が行われないまでも、監査にかわる何らかの手続が実施される場合には、第3四半期決算書公開の段階などで監査人との間の意見不一致などが明らかになることが多いと思われます。

♣ 投資者・債権者の立場からみた四半期決算書の必要性

投資者、債権者などの利用者の立場から四半期決算書の必要性と、開示企業の立場とに分けて示したものが図表5です。

【図表5　四半期決算書開示の必要性】

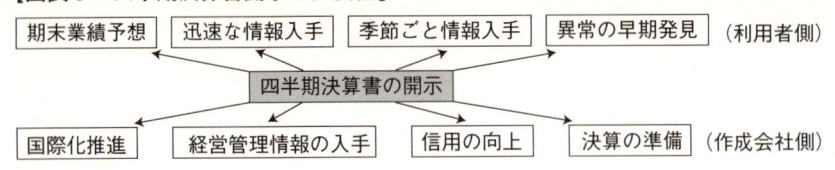

```
期末業績予想    迅速な情報入手    季節ごと情報入手    異常の早期発見   （利用者側）
           ↘        ↘         ↙         ↙
              四半期決算書の開示
           ↗        ↗         ↖         ↖
国際化推進    経営管理情報の入手    信用の向上    決算の準備   （作成会社側）
```

♣四半期決算書の開示項目を簡略化した例をみると

　最近では、四半期決算書の開示項目を極端に簡略化した例は姿を消したようです。特に、損益計算書については、Q5で紹介する興和紡績株式会社や図表6の住友金属工業の例（旧商法の規定に従った様式になっています）のように、大部分の企業で作成手引の添付資料の（要約）四半期連結損益計算書の要件をぎりぎりで満たした様式を採用しています。

　これ以上に簡略化すると、要約とはいえ、損益計算書の体をなさないということかもしれません。

　ただし、全く決算書を公表しない企業もまだ相当数あります。大部分の建設業者や鉄鋼メーカーなどです。鉄鋼メーカーの中で、新日本製鉄や神戸製鋼所では四半期決算書をまったく公開していませんが、住友金属工業は、要約四半期連結損益計算書書だけを公開しています。

　また、四半期財務・業績の概要（連結）に総資産、純資産及び借入金の残高を記載していますので、貸借対照表を極端に簡略化した例ということができるのかもしれません。

　損益計算書を開示し、総資産や純資産額を公開しているのに、貸借対照表の開示ができない理由はよくわかりませんが、この辺が法令により強制されない開示制度の限界なのかもしれません。

【図表6　住友金属工業の要約四半期連結損益計算書の簡略化の例】

科　目	当第1四半期 (18/4〜18/6)
	百万円
（経常損益の部） 営業損益の部 　営業収益 　　売上高	 373,032
営業費用 　　売上原価 　　販売費及び一般管理費 　営業利益	 △275,034 △35,535 62,501
営業外損益の部 　営業外収益	 13,760
営業外費用 経常利益	△7,039 69,222
（特別損益の部） 　特別利益 　特別損失 税金等調整前四半期純利益	 △3,564 65,658
法人税等 少数株主損益 四半期純利益	△23,886 △200 41,571

注：前第1四半期、増減、前期（17年度）も並記されていますが、ここでは省略してあります。

Q5 四半期決算書の開示内容は

Answer Point

♧四半期決算書の開示項目は、年次決算書よりも少なくなるのが普通です。

♧四半期決算書の開示項目は、極端に簡略化しすぎて、効果が著しく低いものもあります。

♣四半期決算書の開示内容は

　例えば、マザーズ上場企業は「四半期業績状況」、東証1部2部上場企業は「四半期業績の概況」の表題により、それぞれに違った様式で四半期財務情報を公開していましたが、現在では、各証券取引所ともに、「四半期財務・業績の概況」の表題で、共通の内容のものを開示しています。

　「四半期財務・業績の概況」には、各四半期の財務・業績の概況のほかに期末における業績予想（売上高、営業利益、経常利益、当期純利益）が記載されています。

♣四半期決算書公開の様式は

　東京証券取引所では、四半期財務・業績の概況について市場第一部・第二部用様式を定めています。他の取引所でも同様です。

　四半期決算書の標準様式については、「四半期財務・業績の概況」の添付資料として、四半期連結貸借対照表・損益計算書の開示項目が発表されていますが、参考のため名証・大証1部上場の興和紡績株式会社の平成18年3月期第3四半期財務・業績の概況（連結）とその添付資料の例をみると、図表7のとおりです。

♣キャッシュフローの概況記載も連結キャッシュフロー計算書の添付もなし

　通常は、(2)財政状態（連結）の変動状況の次に、(3)キャッシュフローの状況の項が設けられていて、2期間にわたる営業活動によるキャッシュフロー、投資活動によるキャッシュフロー、財務活動によるキャッシュフロー及び現金及び現金同等物期末残高が記載されていますが、興和紡績株式会社の概況には、キャッシュフローの概況の記載はありませんし、連結キャッシュフロー計算書は添付されていません。

【図表7】 「四半期財務・業績の概況」の例

平成18年3月期第3四半期財務・業績の概況（連結）

平成18年2月14日

上場会社名　興和紡績株式会社（コード番号：3117　名証・大証第1部）
　　　　　　（URL　http://www.kowado.co.jp/）
代　表　者　役職名　取締役社長　氏名　三輪　芳弘
問合先責任者　役職名　常務取締役　氏名　間渕　祥二郎　TEL(052)963-3408

1．四半期財務情報の作成等に係る事項
　①　会計処理の方法における簡便な方法の採用の有無：㊲・無
　　　税金費用は、法定実効税率をベースとした年間予測税率を用いて計上している
　②　最近連結会計年度からの会計処理の方法の変更の有無：有・㊲
　③　連結及び持分法の適用範囲の異動の有無：㊲・無
　　　連結（新規）1社　（除外）1社　持分法（新規）1社　（除外）1社

2．平成18年3月期第3四半期財務・業績の概況（平成17年4月1日～平成17年12月31日）
　(1) 経営成績（連結）の進捗状況

	売上高	営業利益	経常利益	四半期(当期)純利益
	百万円　％	百万円　％	百万円　％	百万円　％
18年3月期第3四半期	20,111　△4.8	797　△15.2	126　△89.5	△541　―
17年3月期第3四半期	21,116　△9.2	939　―	1,206　―	739　―
（参考）17年3月期	27,966	1,309	1,559	576

	1株当り四半期（当期）純利益	潜在株式調整後1株当り四半期（当期）純利益
	円　銭	円　銭
18年3月期第3四半期	△15　78	―
17年3月期第3四半期	21　45	―
（参考）17年3月期	16　15	―

　（注）売上高、営業利益等におけるパーセント表示は、対前年度同四半期増減率を示しております。

〔経営成績（連結）の進捗状況に関する定性的情報等〕
　　当第3四半期におけるわが国経済は、原油価格の高騰など懸念材料はあるものの企業業績の改善や個人消費の持ち直しなどにより、緩やかな回復基調で推移しました。（以下省略）

　(2) 財政状態（連結）の変動状況

	総資産	株主資本	株主資本比率	1株当たり株主資本
	百万円	百万円	％	円　銭
18年3月期第3四半期	64,018	25,628	55.7	1,041　95
17年3月期第3四半期	59,806	32,766	54.8	950　20
（参考）17年3月期	59,553	32,369	64.4	938　23

〔財政状態（連結）の変動状況に関する定性的情報等〕
　当第3四半期における総資産は640億1千8百万円となり、前年同四半期末に比べ42億円1千2百万円増加しました。（以下省略）

○添付資料
・（要約）四半期連結貸借対照表
・（要約）四半期連結損益計算書

以上

〔参考〕平成18年3月期の連結業績予想（平成17年4月1日～平成18年3月31日）

	売上高	経常利益	当期純利益
通　期	27,000百万円	400百万円	△400百万円

〔参考〕1株当たり予想当期純利益（通期）　△13円75銭

　当第3四半期における業績はほぼ計画通りに推移していますので、業績の予想につきましては平成17年11月22日に発表いたしました数値と変更はありません。
※　上記の予想は、本資料の発表日現在において入手可能な情報に基づいて作成したものであり、実際の業績は、今後様々な要因によって予想値と異なる場合があります。

1．（要約）四半期連絡貸借対照表

科　目	当四半期 （平成18年3月期 第3四半期末） 金額（千円）	前年同四半期 （平成17年3月期 第3四半期末） 金額（千円）	（参　考） 平成17年3月期 金額（千円）
（資産の部）			
Ⅰ　流動資産			
現金及び預金	4,263,483	3,976,659	4,631,810
受取手形及び売掛金	4,899,973	5,239,550	5,272,131
棚卸資産	1,279,324	1,253,004	1,223,566
その他	873,021	449,811	424,691
流動資産合計	11,315,802	10,921,025	11,552,200
Ⅱ　固定資産			
有形固定資産	19,429,552	20,452,024	19,767,314
無形固定資産	89,273	99,224	83,255
投資その他の資産	33,184,049	28,333,989	28,151,185
固定資産合計	52,702,875	48,885,239	48,001,755
資　産　合　計	64,018,678	59,806,264	59,553,955
（負債の部）			
Ⅰ　流動負債			
支払手形及び買掛金	3,543,099	4,036,697	4,071,364
短期借入金	6,248,331	4,286,850	4,936,201
その他	1,973,347	1,792,502	2,188,455
流動負債合計	11,775,779	10,116,050	11,096,021

	当四半期 (平成18年3月期 第3四半期末)	前年同四半期 (平成17年3月期 第3四半期末)	(参 考) 平成17年3月期
Ⅱ 固定資産			
長期借入金	520,995	2,831,351	2,167,012
預り保証金	9,539,353	9,543,301	9,538,793
その他	6,574,046	4,548,653	4,383,059
固定負債合計	16,634,395	16,923,305	16,088,865
負 債 合 計	28,390,174	27,039,356	27,184,886
(資本の部)			
資 本 合 計	35,628,503	32,766,908	32,369,069
負債及び資本合計	64,018,678	59,806,264	59,553,955

2．(要約) 四半期連結損益計算書

科　　目	当四半期 (平成18年3月期 第3四半期末) 金額（千円）	前年同四半期 (平成17年3月期 第3四半期末) 金額（千円）	(参　考) 平成17年3月期 金額（千円）
Ⅰ　売上高	20,110,959	21,116,587	27,968,131
Ⅱ　売上原価	16,615,329	17,266,009	22,629,867
売上総利益	3,495,630	3,850,577	5,270,264
返品調整引当金戻入額	13,200	14,139	14,139
返品調整引当金繰入額	2,323	6,100	13,200
営業総利益	3,506,507	3,858,617	5,271,204
Ⅲ　販売費及び一般管理費	2,709,416	2,918,691	3,962,172
営業利益	797,090	939,926	1,309,031
Ⅳ　営業外収益	192,988	364,820	397,024
Ⅴ　営業外費用	863,574	98,068	146,981
経常利益	126,905	1,206,678	1,559,074
Ⅵ　特別利益	21,336	102,939	102,939
Ⅶ　特別損失	369,188	115,234	521,839
税金等調整前四半期（当期）純利益	△221,346	1,194,383	1,140,175
税金費用	320,442	454,632	563,211
四半期（当期）純利益	△541,788	739,750	576,963

(筆者注) 貸借対照表、損益計算書には増減欄があって、金額と増減率が記載されていますが、スペースの都合で図表7では省略しています。その他、実質的に内容などが変わらない範囲で、筆者が書き換えたり省略した箇所があります。

また、添付されている貸借対照表及び損益計算書は要約のものであり、貸借対照表は中間連結財務諸表規則の様式に近いものですが、無形固定資産にのれんが独立表示されていない（残高がないからと推察されます）し、資本の部（現在では純資産の部）は、資本の部として一括表示されるなどの簡略化が行われています。
　損益計算書についても、販売費及び一般管理費、営業外収益、営業外費用、特別利益、特別損失、それぞれ一括して記載されており、損益計算書の要旨に近いものになっています。他方、損益計算書に返品調整引当金戻入額と同繰入額の科目があり、営業総利益の様式にはない利益が追加されています。

♣作成会社独自の様式で作成
　総合建設業の大部分の企業では、財務・業績についての概要は記載せず、四半期の情報としては、四半期の受注高だけを記載しています。
　期末業績予想は行っていませんし、決算書の添付もありません。
　鉄鋼業の新日本製鉄や神戸製鋼所などでは、「四半期業績の概況」の表題のものを作成していて、財務についての記載を省略していますし、決算書の添付もしていません。
　楽天では「○○四半期の事業の進捗状況について」の表題で四半期情報を開示しており、主に四半期の事業概況について詳しく説明しています。財務やキャッシュフローの概況の説明はありませんが、四半期キャッシュフロー計算書は添付されています。
　楽天では、第3四半期の概況・損益計算書・キャッシュフロー計算書は累計ではなく、第3四半期単独型のものを開示しています（図表8）。
　マザーズ上場企業の「四半期財務・業績の概況」には、「四半期財務諸表については、東京証券取引所の『上場有価証券の発行者の会社情報の適時開示等に関する規則の取扱い』の別添に定められている『四半期財務諸表に対する意見表明に係る基準』に基づく意見表明のための手続を受けております」の記述があります。

♣各大科目内の科目表示は重要なものを区分しその他はまとめて記載する
　各大科目内の科目表示は、重要なものを区分し、その他はまとめて記載することができるとされていますが、重要かどうかは、作成者の判断に任されていますので、作成者側で極端な簡略化が行われることがあり、四半期決算書の効用を低める原因の一つになっています。

【図表8　独自様式による四半期決算書の例（抜粋）】

JASDAQ

平成18年5月9日

各位

会社名　楽天株式会社
代表者名　代表取締役会長兼社長　三木谷　浩史
（JASDAQ・コード4755）
問合せ先
　　執行役員　松崎　良太
　　電話　03-4523-8001

平成18年12月期第1四半期の事業の進捗状況について

当社の平成18年12月期第1四半期（平成18年1月1日から平成18年3月31日まで）における事業の進捗状況について、お知らせいたします。

1．業績の概要
　(1) 連結業績の概要

（単位：百万円）

科目	平成18年12月期 第1四半期 自 平成18年1月1日 至 平成18年3月31日				平成17年12月期 第1四半期 自 平成17年1月1日 至 平成17年3月31日		平成17年12月期 第4四半期 自 平成17年10月1日 至 平成17年12月31日	
	金額	百分比	前年同期比	直前四半期比	金額	百分比	金額	百分比
売上高	52,168	100.0%	+236.4%	+7.1%	15,508	100.0%	48,728	100.0%
営業利益	11,172	21.4%	+141.9%	△2.7%	4,617	29.8%	11,485	23.6%
経常利益	11,467	22.0%	+147.5%	+1.4%	4,633	29.9%	11,307	23.2%
当期純利益	3,950	7.6%	+335.0%	△52.1%	908	5.9%	8,255	16.9%

　(2) 連結業績の概要（プロスポーツ事業を除く）

（単位：百万円）

科目	平成18年12月期 第1四半期 自 平成18年1月1日 至 平成18年3月31日				平成17年12月期 第1四半期 自 平成17年1月1日 至 平成17年3月31日		平成17年12月期 第4四半期 自 平成17年10月1日 至 平成17年12月31日	
	金額	百分比	前年同期比	直前四半期比	金額	百分比	金額	百分比
売上高	51,465	100.0%	+237.1%	+7.8%	15,268	100.0%	47,731	100.0%
営業利益	12,237	23.8%	+125.5%	+0.3%	5,427	35.5%	12,194	25.5%
経常利益	12,526	24.3%	+130.2%	+4.5%	5,440	35.6%	11,986	25.1%

　(3) 個別業績の概要

（単位：百万円）

科目	平成18年12月期 第1四半期 自 平成18年1月1日 至 平成18年3月31日				平成17年12月期 第1四半期 自 平成17年1月1日 至 平成17年3月31日		平成17年12月期 第4四半期 自 平成17年10月1日 至 平成17年12月31日	
	金額	百分比	前年同期比	直前四半期比	金額	百分比	金額	百分比
売上高	11,319	100.0%	69.3%	5.9%	6,686	100.0%	10,693	100.0%
営業利益	4,503	39.8%	68.9%	4.8%	2,665	39.9%	4,297	40.2%
経常利益	6,343	56.0%	85.0%	69.6%	3,428	51.3%	3,740	35.0%
当期純利益	4,903	43.3%	175.7%	318.2%	1,778	26.6%	1,172	11.0%

(4) 事業の種類別セグメント業績の概要
平成18年12月期第1四半期（平成18年1月1日から平成18年3月31日まで）

(単位：百万円)

	EC事業	クレジット・ペイメント事業	ポータル・メディア事業	トラベル事業	証券事業	プロスポーツ事業	計	消去又は全社	連結
売上高									
外部顧客に対する売上高	12,278	22,552	2,475	2,294	11,946	621	52,168	—	52,168
セグメント間の内部売上高又は振替高	443	0	779	30	—	82	1,336	(1,336)	—
計	12,722	22,552	3,255	2,325	11,946	703	53,505	(1,336)	52,168
営業費用	8,181	22,296	2,819	1,310	5,726	1,768	42,103	(1,106)	40,996
営業利益	4,541	256	435	1,014	6,219	(1,065)	11,402	(230)	11,172

平成17年12月期第1四半期（平成17年1月1日から平成17年3月31日まで）

(単位：百万円)

	EC事業	クレジット・ペイメント事業	ポータル・メディア事業	トラベル事業	証券事業	プロスポーツ事業	計	消去又は全社	連結
売上高									
外部顧客に対する売上高	6,859	830	1,432	1,466	4,748	171	15,508	—	15,508
セグメント間の内部売上高又は振替高	40	1	271	12	—	67	393	(393)	—
計	6,900	831	1,703	1,478	4,748	239	15,901	(393)	15,508
営業費用	4,543	902	1,334	878	2,627	1,049	11,336	(445)	10,890
営業利益	2,356	(71)	369	600	2,120	(810)	4,565	52	4,617

平成17年12月期第4四半期（平成17年10月1日から平成17年12月31日まで）

(単位：百万円)

	EC事業	クレジット・ペイメント事業	ポータル・メディア事業	トラベル事業	証券事業	プロスポーツ事業	計	消去又は全社	連結
売上高									
外部顧客に対する売上高	11,974	21,833	2,270	2,213	9,640	795	48,728	—	48,728
セグメント間の内部売上高又は振替高	195	9	618	48	183	201	1,256	(1,256)	—
計	12,169	21,843	2,888	2,262	9,824	996	49,985	(1,256)	48,728
営業費用	8,054	19,796	2,390	1,371	4,267	1,706	37,586	(343)	37,243
営業利益	4,115	2,047	498	891	5,556	(709)	12,398	(913)	11,485

(注)
1. 各セグメントに属する主要なサービスの内容等については、「2．企業集団の状況」に記載しております。
2. セグメントについては、従来、【EC事業】、【ポータル・メディア事業】、【トラベル・エンターテイメント事業】及び【金融事業】に区分しておりましたが、プロスポーツ事業への進出をはじめとする急速な事業領域の拡大に対応して、事業相互の一層の連携強化を図るために、平成17年1月より、【EC事業】、【ポータル・メディア事業】、【トラベル事業】、【金融事業】及び【プロスポーツ事業】へと区分の見直しを行っております。また平成17年7月より、国内信販(株)（現：楽天KC(株)）の連結開始によって【金融事業】の事業規模が拡大したことに伴い、個々の事業の特性をセグメント区分に反映させ、セグメント単位の損益の明瞭性を高めるために、【金融事業】を【クレジット・ペイメント事業】と【証券事業】に分割し、【EC事業】、【クレジット・ペイメント事業】、【ポータル・メディア事業】、【トラベル事業】、【証券事業】及び【プロスポーツ事業】へと区分の見直しを行っております。なお、前年同期の数値についても変更後のセグメント区分に組み替えて記載しております。

2．企業集団の状況
(1) 事業の内容
　当社の企業集団は、平成18年3月末日現在で、当社（楽天株式会社）、子会社33社及び関連会社12社によって構成されております。
　当社グループは総合的なインターネットサービス企業グループとして、① 物販を中心としたEC（エレクトロニック・コマース＝電子商取引）に関するサイト運営・サービス提供などを行う【EC事業】、②クレジットカードの発行による資金決済やカードローンなど個人向け与信業務を行う【クレジット・ペイメント事業】、③ インターネットへの「入り口」の役割を担うポータルサイト運営などを行う【ポータル・メディア事業】、④ 宿泊予約など旅行関連のサイト運営・サービス提供などを行う【トラベル事業】、⑤ オンライン証券取引サービスなどを提供する【証券事業】及び⑥ プロ野球球団の運営や関連商品の企画・販売などを行う【プロスポーツ事業】を展開しております。
　当社グループの主な事業内容及び当社と主な関係会社の当該事業に係る位置付けは次のとおりであります。また、次の事業区分は事業の種類別セグメント情報の事業区分と同一であります。

① 【EC事業】

提供する主要なサービス	主な事業主体
インターネット・ショッピング・モール（『楽天市場』）の運営	楽天（株）
個人向けオークション・サイト（『楽天フリマ』）の運営	楽天オークション（株）
企業向けサービス取引市場（『楽天ビジネス』）の運営	楽天（株）
EC（エレクトロニック・コマース＝電子商取引）に関するコンサルティング	楽天（株）
『楽天カード』などの決済サービスの提供	楽天（株）
インターネット上の書籍販売サイト（『楽天ブックス』）の運営	楽天ブックス（株）
デジタルコンテンツ提供サイト（『楽天ダウンロード』）の運営及びデジタルコンテンツ提供システムの開発	楽天ブックス（株）
インターネット上のゴルフ場予約サイト（『楽天GORA』）の運営	楽天（株）
『ダイニング・ア・ラ・カード』などのクラブマーケティング事業	シグニチャージャパン（株）
オンラインチケット販売ASP事業	楽天エンタープライズ（株）
アフィリエイト・マーケティング・サービスの提供	LinkShare Corporation
チケット販売システムの企画運営管理	（株）ローソンチケット

② 【クレジット・ペイメント事業】

提供する主要なサービス	主な事業主体
クレジットカード・ショッピングクレジットを中心とした総合信販業	楽天KC（株）
個人向けカードローン事業	楽天クレジット（株）

③ 【ポータル・メディア事業】

提供する主要なサービス	主な事業主体
検索機能などを備えたポータルサイト（『Infoseek』）の運営	楽天（株）
インターネット上のグリーティングカードサービスの提供	楽天（株）
新卒学生を中心とした就職情報コミュニティサイト（『みんなの就職活動日記』）の運営	みんなの就職（株）
CS放送チャンネルの運営	楽天ティーピー（株）
インターネットを活用したマーケティングサービスの提供	ターゲット（株）
総合データベース・マーケティング事業	楽天リサーチ（株）
ブロードバンド向けコンテンツ・ポータルサイト（『ShowTime』）の運営	（株）ショウタイム

④ 【トラベル事業】

提供する主要なサービス	主な事業主体
総合旅行サイト（『楽天トラベル』）の運営、宿泊予約・航空券予約サービスの提供	楽天トラベル（株）
中国国内における総合旅行サイト（『Ctrip.com』）及び大規模コールセンターを通じた宿泊予約・航空券予約事業	Ctrip.com International, Ltd.

⑤ 【証券事業】

提供する主要なサービス	主な事業主体
オンライン証券取引サービスの運営	楽天証券（株）

(略)

Q6 四半期決算書の閲覧・入手方法は

Answer Point

♣四半期概況は、各地の証券取引所で閲覧できます。
♣日本証券業協会でも、閲覧に供しています。
♣各社のホームページでも閲覧が可能です。

♣ 四半期概況が閲覧できるのは

「四半期財務・業績の概要」は、各証券取引所で閲覧できます。

東京では東京証券取引所のインフォメーションテラスで、大阪では大阪証券取引所の閲覧室で閲覧が受けられます。

ジャスダックでも、閲覧室でみることができます。1枚20円でコピーをとることもできます。

その他、東京では東京証券会館内、大阪では大証会館内にある日本証券業協会証券教育広報センター証券情報室でも閲覧が受けられますが、すべての上場会社の書類が揃っているとは限らないようです。

上場が廃止された場合には、直ちに閲覧対象から外されるようです。

倒産会社研究の目的で、倒産会社の四半期情報の入手が必要な場合には、事後では入手が困難ですので、早めにコピーなどを入手しておくことも必要になります。

各社のホームページでも、四半期情報を掲載していますので、ホームページでも閲覧が可能です。

♣ 閲覧・入手方法は

四半期決算書の閲覧と入手方法をまとめると、図表9のとおりです。

【図表9　四半期決算書の閲覧・入手方法】

方　法	入手可能場所	開示対象期間
① 閲覧	各地証券取引所	全期間
	日本証券業協会情報室	最近の1年間 全部揃っているとは限らない
② インターネット	各社のホームページ	会社ごとに保存期間が違う

Q7 四半期決算書の利用法は

Answer Point

♣四半期決算書の利用法は、基本的には年次決算書の利用法と同じです。

♣分析目的に合わせ、累計型と単独型の四半期決算書を使い分けます。

♣回転期間の計算には、四半期売上高を利用します。

♣四半期決算書の累計型と単独型の利用法は

　四半期決算書の利用法は、基本的には年次決算書の利用法と同じですが、四半期決算書の特性を活かすには、決算書の利用にも工夫が必要です。

　損益計算書やキャッシュフロー計算書については、Q2でも触れたとおり、第3四半期に作成される四半期決算書には、第3四半期の3か月間だけの単独型計算書と、期初から第3四半期末までの9か月間の累計型計算書の2種類があります。

　一般的には、累計型のものが多いようですが、中には単独型の計算書を公開している企業もあります。中間と年次損益計算書などは、すべて累計型ですが、2008年4月1日以降に開始する事業年度からは、中間決算書は第2四半期決算書になり、すべての四半期決算書が単独型のものになる予定です。

　図表10は、四半期ごとの累計値の推移を示したもので、ボックスの高さが期初から各四半期までの売上高の累計値を示しています。

　黒で塗りつぶした部分はその四半期における単独の数値であり、黒塗りの部分だけを図にすると、単独型の売上高推移表になります。

　厳密には、累計型を図表10のように単純に分割できない場合もありますが、大きな支障にはならないと考えますので、上記の定義にしておきます（図表11の換算法についても同様の問題があります）。

【図表10　各四半期における累計値の推移】

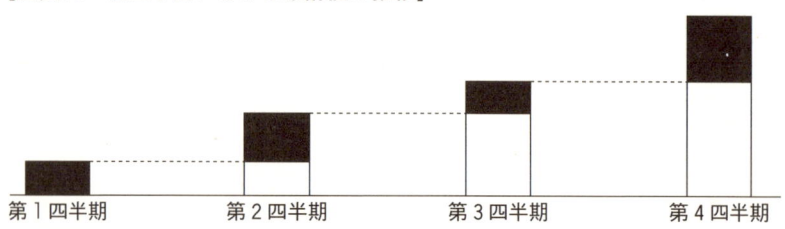

第1四半期　　第2四半期　　第3四半期　　第4四半期

♣ 累計型から単独型への換算法は

　累計型の計算書しか入手できないときは、例えば第3四半期については、第3四半期の各数値から、中間決算書の各数値を引くことによって、単独型の計算書に変換することができます。

　第2四半期については、中間決算書として期初から6か月間の累計型の計算書しか作成されていませんので、第2四半期単独の計算書が必要な場合には中間決算書の各数値から第1四半期の各数値を引くことによって、単独型の計算書に変換することができます。

　第4四半期単独の計算書が必要なときは、年次決算書の各数値から、第3四半期決算書（累計型のもの）の各数値を引いて推定することができます。累計型から単独型の数値を求める計算法を数式で示すと、図表11のとおりです。

【図表11　累計値から単独値を求める計算式】

第1四半期	そのまま
第2四半期	中間決算書－第1四半期決算書
第3四半期	第3四半期決算書－中間決算書
第4四半期	年次決算書－第3四半期決算書

　単独型のものしか入手できないときは、当四半期までの四半期の単独数値を足し合わせることによって、累計数値に変換することができます。

　四半期決算書の分析では、分析の目的によって累計型と単独型の数値を使い分ける必要があります。例えば、売上高について四半期ごとの予算の達成状態をみるには累計型のものでなければなりませんし、四半期ごとの変動パターンをみるには単独型が必要です。

　短期間に絞って異常を浮き彫りにさせる異常発見法には、単独型が効果的です。

♣ 四半期独特の利用法は

　売上高や各種利益の年度ごとの推移をみるには、図表12のように四半期ごと年度ごとに並べて推移をみるのが便利です。図表12は、AOKIの例により作表したものです。

　売上高については、四半期ごとの単独の数値を年間売上高で割って比率を出し、売上高が特定の四半期に集中していないかをみることもできます。累計値について、四半期ごとの予算達成率をみることもできます。

【図表12　AOKIの四半期ごと年次ごと推移表】　　　　　（単位：百万円）

	2004年3月期		2005年3月期		2006年3月期		2007年3月期	
売上高		指　数		指　数		指　数		指　数
第1四半期単独			24,907	100	27,438	110.2	28,376	113.9
第2四半期単独 累計	 37,613		17,128 42,035	100 100	20,697 48,135	120.8 114.5		
第3四半期単独 累計			26,344 68,379	100 100	31,482 79,607	119.5 116.4		
第4四半期単独 累計	 89,075		24,491 92,870	100 100	27,081 106,688	110.1 114.9		
売上原価		原価率		原価率		原価率		原価率
第1四半期単独			11,587	46.5	14,706	53.6	15,168	53.5
第2四半期単独 累計	 19,077	 50.7	9,824 21,411	57.4 50.9	11,995 26,701	58.0 55.5		
第3四半期単独 累計			13,095 34,506	49.7 50.5	16,416 43,117	52.1 54.2		
第4四半期単独 累計	 44,973	 50.5	12,593 47,101	51.1 50.7	14,628 57,745	54.0 54.1		
販売費及び一般管理費		指　数		指　数		指　数		指　数
第1四半期単独			10,570	100	9,429	89.2	10,271	97.2
第2四半期単独 累計	 16,764		8,207 18,777	77.6	8,982 18,411	85.0		
第3四半期単独 累計			10,746 29,523	101.7	10,321 28,732	97.6		
第4四半期単独 累計	 36,921		9,265 38,788	87.7	10,045 38,777	95.0		
営業利益		利益率		利益率		利益率		利益率
第1四半期単独			2,750	11.0	3,302	12.0	2,936	10.3
第2四半期単独 累計	 1,772	 4.7	-904 1,846	- 4.4	-280 3,022	- 14.6		
第3四半期単独 累計			2,503 4,349	9.5 6.4	4,735 7,757	15.0 9.7		
第4四半期単独 累計	 7,179	 8.1	2,631 6,980	10.7 7.5	2,406 10,163	8.9 9.5		
備考								

① 四半期決算書ってなに・その活用法は

♣ 回転期間の計算法は

通常、回転期間は、売上債権残高などを年間売上高で割って計算されます。

売上債権回転期間 ＝ 売上債権期末残高 ÷ （年間）売上高

上記算式で計算される回転期間は、年単位のものになり、その結果に12をかけると月単位、365をかけると日単位の回転期間が計算されます。

四半期決算書分析の場合には、該当する四半期の売上高により、図表13の計算式で計算するのが合理的です。

【図表13　四半期決算書分析のときの売上債権回転期間（月）】

> 売上債権回転期間（月）＝（売上債権÷四半期単独売上高）×3か月

売上債権、棚卸資産、仕入債務など流動資産や流動負債の科目の回転期間は3か月前後のことが多いので、残高は主に当該四半期中の売上高や仕入高により構成されています。

回転期間計算では、計算対象となる売上債権などの科目と、分母の売上高との間にできるたけ強い因果関係のあることが望ましいので、売上債権のような流動性の科目については、四半期単独の売上高を分母にして計算することによって、精度が高まります。

年次分析においても、流動性科目については第4四半期単独の売上高で回転期間を計算するほうがより正確な回転期間が求められます。

四半期決算書分析では、四半期売上高や同仕入高を利用することにより回転期間分析が特に効力を発揮することが多いのです。

ただし、有形固定資産など固定性の強い項目については、有形固定資産残高と四半期売上高の間には因果関係が少ないし、四半期売上高は期間ごとに大幅に変動することが多いため、四半期売上高で回転期間を計算すると回転期間が大きく変動するなどで合理的でないことが多いと思われます。

したがって、前年度の年次売上高や当年度予想売上高などを用いるのが合理的な項目もあります。

売上債権や棚卸資産などは、通常は1～3か月の回転期間になるのが普通ですので、年単位の回転期間では0.25年や0.08年などとなります。一般には0.08年などの数え方をしませんので、長さがすぐにはぴんとこないことがあり、これら項目については、月か日単位を用いるのがよいと考えます。

本書では、単位を統一して、すべてについて月単位を用いています。

Q8 四半期決算書を読み解く手順は

Answer Point

♣ 四半期決算書を読み解く手順は、基本的には年次決算書を読み解くのと同じです。
♣ 四半期ごとの年次比較、四半期間パターン分析などが、四半期決算書特有の分析手順です。

♣ **基本的には年次決算書を読み解くのと同じ**

　四半期決算書を読み解く手順は、基本的には年次決算書の場合と違いはなく、実数によりまたは比率を用いて、成長性、収益性、財務安全性、資金流動性などを調べるのです。
　個々の分析手順などについては、関係のQで取り上げるとして、ここでは図表14で手続の概要の一例を説明します。

【図表14　四半期決算書を読み解く手順】

手　順	説　　明
（前提条件）	当社は3月決算の製造業者で、上半期がシーズンで下半期がオフシーズンのタイプの企業です。 　当社にとって古くからの継続的取引先で、有価証券報告書による年次分析と、半期報告書及び第1、第3四半期財務・業績の概況により四半期分析を行っています。 　今回は、第3四半期の調査を行うものとします。
① 概況調査	「平成○○年3月期第3四半期財務・業績の概況」により、本四半期における業績の概況と、総資産、純資産の増減状態を概観します。 　前年度決算短信に記載された当期業績予想が、修正されている場合にはその理由として記載されている事項の合理性を確認します。 　売上高、経常利益、当期純利益の累積値と予想値を比べ、達成可能性を推測します。
② 成長性調査	売上高、主要利益について、累積値と単独値を過去の第3四半期の数値と比較し、上昇傾向にあるか、下降傾向にあるか、あるいは、上昇、下降のスピードに変わりがないか、その原因は何か、などを調べ、景気動向などから将来の趨勢を予測します。
③ 安全性調査	売上高や各種利益の状況に大きな異常がない限り、この項目は、四半期単位ではそれ程大きな変化をしないのが普通ですから、第1や第3四半期では調査を省略することもできます。 　ただ、当社の場合、第3四半期はオフシーズンに入りますので、売上の減少により純損失が発生して、純資産は目減りします。 　繁忙期のための仕込みの時期にあたりますので、仕掛品や製品の在庫が増える結果、総資産が膨張して、自己資本比率は悪化する傾向が

④	流動性調査	あり、財政状態は概して悪化しますから、合理的な範囲内の悪化かどうかを調べます。
		製造や仕入のための支出の多くは第4四半期にずれ込むのに対して、繁忙期の売上高の回収が進みますので、キャッシュフローはプラスになります。 第1・第2四半期のシーズン中に借り入れた季節資金は、この四半期には大部分の返済が終わっているのが例年のパターンです。 以上のような当四半期におけるパターンを踏まえて、運転資本の変動状況やキャッシュフローの実績を調べ、安全性及び流動性についての評価を行います。

♣ **四半期決算書による季節変動のパターン分析法を例で示すと**

これら特有の分析法については、各Qで詳しく説明するとして、ここでは、売上高と経常利益の季節変動のパターンの分析手法を例でみてみましょう。

図表15は、マザーズ上場のA株式会社の売上高と経常利益の四半期ごとの推移を示したもので、2002年（平成14年）9月期第1四半期から、2006年（平成18年）9月期第2四半期までの18四半期の実績値を並べてあります。

【図表15　A社の売上高・経常利益年度ごと四半期ごと推移】　　（単位：百万円）

	売上高		経常利益	
	累計値	単独値	累計値	単独値
2002年9月期				
1四半期	61	61	-149	-149
2四半期	746	685	-73	75
3四半期	1,252	506	-115	-42
4四半期	2,448	1,196	202	317
2003年9月期				
1四半期	193	193	-175	-175
2四半期	1,230	1,037	-96	79
3四半期	1,351	121	-250	-154
4四半期	2,827	1,476	251	501
2004年9月期				
1四半期	207	207	-130	-130
2四半期	1,192	985	-128	2
3四半期	1,560	368	-224	-96
4四半期	3,367	1,807	276	500
2005年9月期				
1四半期	220	220	-144	-144
2四半期	1,004	784	-241	-97
3四半期	1,255	251	-318	-77
4四半期	3,490	2,235	315	633
2006年9月期				
1四半期	176	176	-321	-321
2四半期	1,122	946	-484	-163
3四半期	1,410	288	-808	-324

売上高・経常利益ともに、左側には年次ごとの累積値、右側は四半期ごと

の単独値を記載してあります。

♣棒グラフでみてみると

図表15の各四半期の売上高と経常利益の累計値を年度順に棒グラフで示したのが、図表16です。2006年9月期第4四半期の数値は、2006年8月11日に会社側から発表された修正予想値によるものです。

横軸の下側の数値は、期間を示し、02−1は2002年3月期第1四半期を意味しますし、その右となりの3は2002年3月期第3四半期を意味します。スペースの都合で2・4四半期の記載は省略してあります。

売上高は、毎年、第1四半期に僅少からスタートし、第2四半期に伸びますが、第3四半期には伸びが鈍り、第4四半期が大きく伸びるパターンを繰り返しています。年度ごとでは第4四半期だけが増加を続けていますが、他の四半期は、2003年3月期以降は減少傾向にあることが読み取れます。ただし、2006年9月期には第4四半期も前年度に比べ減少となる見通しです。

経常利益では、第4四半期までは赤字が続き、第4四半期に黒字に転換するパターンを毎年繰り返しています。第3四半期までの赤字は、年度ごとに増加を続けていますが、第4四半期の黒字も年度ごとに増加しています。これは、第4四半期単独の経常利益が、第3四半期までの赤字の増加スピードを上回るスピードで増加を続けているからです。ただし、2006年9月第4四半期は、これまでのパターンとは違ってマイナスになる見通しとなっています。

図表17は、図表15の単独値を棒グラフにしたもので、売上高は、各年度とも第2・4四半期に大きく増加し、年度ごとに第4四半期の売上高だけが増加を続けている様子が読み取れます。

経常利益については、第4四半期だけが毎年度黒字で、年度ごとに黒字幅は増加を続けていますが、その他の四半期では赤字の年度が多く、特に、第1と第3四半期は毎年度赤字が続いていますし、赤字額は年度ごとに増える傾向にあることが読み取れます。ただし、2006年9月期は第4四半期の黒字幅が激減する予想になっており、この年度では累計値でも赤字が解消できない見通しであり、この期に何か異変が起きていることが推察されます。

♣第4四半期の売上高と経営利益の増加は異常である

A社の売上高は、第2四半期に小さな山があり、第4四半期には大きな山が来るパターンを繰り返しており、繁忙期が年2回あるパターンのようです。

ただ、第4四半期の売上高が著しく多いこと、翌第1四半期にはその反動

【図表16　四半期ごと売上高・経常利益の年次ごと累計値推移】

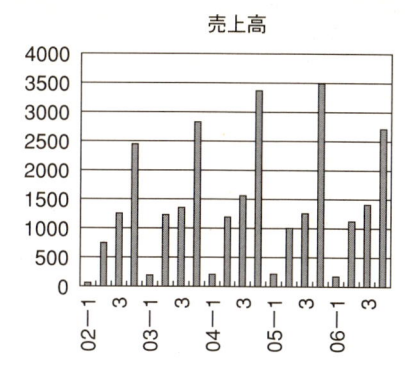

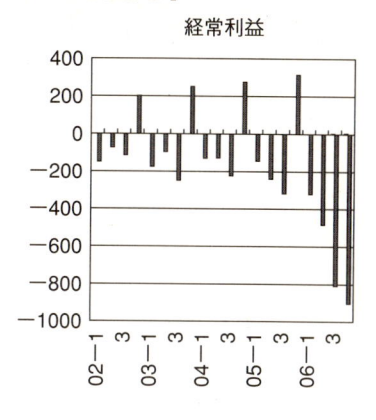

【図表17　四半期ごと売上高・経常利益の年次ごと単独値推移】

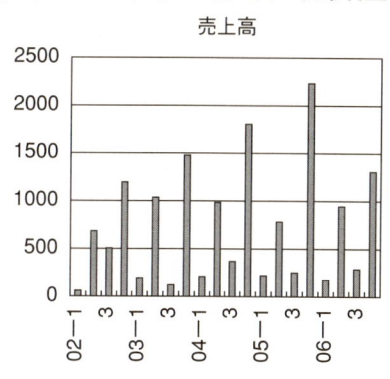

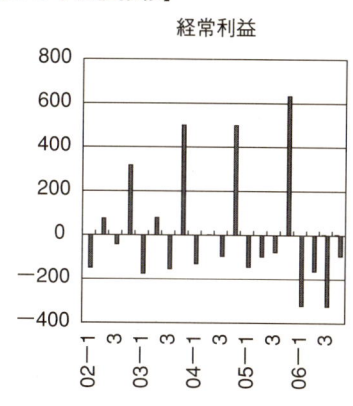

によるのか、極端に減少することから、第4四半期に翌第1四半期の売上高の先行計上している疑いももたれます。

　経常利益からも同様のことが推定でき、第3四半期までの赤字を、年度末の第4四半期に売上先行計上により売上高を増やして経常利益を増やし、通期では黒字を確保するパターンになっています。

　前期の第4四半期における売上先行計上により、次の期の売上高が減少する結果第1四半期の利益は赤字になり、その影響を第3四半期まで引きずって赤字が続きますので、第4四半期には再度売上高の先行計上が必要になるといった、悪循環を繰り返している疑いももたれます。

　第4四半期の売上高と経常利益だけが年々増加を続けていることからは、年度ごとに先行計上の規模が拡大を続けていることも疑われます。

Q8　四半期決算書を読み解く手順は

Q9 四半期決算書の作成基準は

Answer Point

♣ 四半期決算書の作成基準は、まだ制定されていません。
♣ 四半期決算書は、中間財務諸表等規則、中間連結財務諸表規則に準じて作成されます。
♣ 重要性の乏しい事項については、簡略化が認められます。

♣ 正規の作成基準は未制定のまま

　四半期決算書は、前述したとおり、法令により作成等を強制されるものではなく、各証券取引所の要求に基づき作成されているものです。現在のところ、正規の作成基準などは制定されていません。

　決算書の信頼性を支える制度として監査法人などによる監査制度がありますが、四半期決算書作成基準が未制定のため、四半期監査に関する監査基準も制定されていませんし、四半期決算書に関する正規の監査（一部で意見表明手続を実施）も行われていません。

♣ 中間財務諸表等規則等で簡便法の採用も認められる

　四半期決算書は、中間財務諸表等規則及び中間連結財務諸表規則に準じて作成することになっています（図表18）。

　四半期検討委員会では、2003年8月に「四半期財務情報の作成に関する手引き」（以下、作成手引といいます）を公表しています（Q10参照）。

　この作成手引は、開示内容の最低限の比較可能性と、一定の信頼性を確保するため公表されたもので、Q＆Aの形で、想定される実務上の疑問点を項目ごとに答えたものです。

　作成手引では、中間、年次の場合と比べ、投資者等の利害関係者の判断を大きく誤らせないと考えられる範囲で簡便な作成手続をとることを認めています。これは、四半期決算書作成・開示には迅速性が求められるし、作成者に過重な負担を強いることがないようにする配慮などによるものです。

♣ 現段階では作成者側の恣意を阻止する方法はない

　中間財務諸表等規則などに準拠することになっているものの、上記のとお

り重要性の乏しい事項には簡略化が認められています。重要性が高いか乏しいかを決めるのは、作成者ですから、作成者側が恣意的に決めることもできます。

【図表18　中間財務諸表等規則による記載法の要約】

◆中間貸借対照表		
❶ 資産		
①	総合	資産は、流動資産、固定資産及び繰延資産に分類し、更に、固定資産に属する資産は、有形固定資産、無形固定資産及び投資その他の資産に分類して記載しなければならない（11条）。
②	流動資産	1．現金及び預金、2．受取手形および売掛金、3．有価証券、4．棚卸資産、5．その他の区分に従い、当該資産を示す名称を付した科目をもって掲記する。金額が資産の総額の100分の1以下のものは他の項目と一括して表示することができるが、総額の100分の5を超える資産は別に掲記しなければならない（13条）。
③	有形固定資産	一括して掲記する。資産金額の100分の5を超える資産は、別に掲記しなければならない（16条）。
④	無形固定資産	一括して掲記する。資産金額の100分の5を超える資産は、別に掲記しなければならない（18条）。
⑤	投資その他の資産	投資その他の資産として一括掲記する。資産金額の100分の5を超える資産は、別に掲記しなければならない（20条）。
❷ 負債		
①	総合	流動負債、固定負債に分類して記載する（26条）。
②	流動負債	1．支払手形、2．買掛金、3．短期借入金、4．引当金、5．その他の区分に従い掲記する。負債及び純資産の合計額の100分の1以下のものは他の負債と一括して掲記することができるが、100分の5を超えるものは、別に掲記しなければならない（28条）。
③	固定負債	1．社債、2．長期借入金、3．引当金、4．その他の区分に従い掲記する。負債及び純資産の合計額の100分の1以下のものは他の負債と一括して掲記することができるが、負債及び純資産の合計額の100分の5を超えるものは、別に掲記しなければならない（29条）。
④	その他	偶発債務、手形割引高及び裏書譲渡高は注記しなければならない（31条、31条の2条）。
❸ 純資産		
①	総合	株主資本、評価・換算差額等、新株予約権に分類して記載する（32条）。
②	株主資本	資本金、資本剰余金、利益剰余金に分類して掲記する（32条の2）。
◆中間損益計算書		
①	収益及び費用の分類	1．売上高、2．売上原価、3．販売費及び一般管理費、4．営業外収益、営業外費用、6．特別利益、7．特別費用に分類して記載する（40条）。
②	売上高および売上原価	売上高、売上原価の科目で掲記し、売上高と売上原価の差額は売上総利益（総損失）金額として記載する（41～43条）。
③	販売費及び一般管理費	一括して掲記する（44条）。
④	営業損益金額の表示	売上総利益（総損失）金額に販売費及び一般管理費の総額を加減した金額は、営業利益（損失）金額として記載する（45条）。
⑤	営業外収益及び営業外費用	営業外収益を一括し（46条）、営業外費用を一括して掲記する（47条）。
⑥	経常損益金額の表示	営業利益（損失）金額に、営業外利益の総額及び営業外費用の総額を加減した金額は、経常利益（損失）として記載する（48条）。
⑦	特別利益及び特別損失	特別利益を一括し（49条）、特別損失を一括して掲記する（50条）。
⑧	中間純損益金額の表示	経常利益（損失）金額に特別利益及び特別損失の金額を加減した額は、税引前中間純利益（純損失）金額として表示する（51条）。 税引前中間純利益（純損失）金額に1．当該中間会計期間にかかる法人税、住民税及び事業税、2．法人税調整額を加減した金額は中間当期純利益（純損失）金額として記載する（52条）。
⑨	一株当たり中間純損益金額等の注記	一株当たり中間純利益（純損失）金額及び当該金額算定上の基礎は、注記しなければならない（52条の2）。

Q10 "作成手引"の構成・内容は

Answer Point

♧ 作成手引は、四半期財務情報検討委員会が有識者の意見を集約し、四半期財務情報の作成・開示に関する手引として発表したものです。

♧ 作成手引は、Q＆Aの形で四半期検討委員会の検討結果が記載されています。

♣ 四半期財務情報検討委員会というのは

　東京証券取引所が、全国の証券取引所、日本証券業協会及びジャスダックと合同で、四半期財務情報の作成及び開示に関する検討委員会の設置を発表したのは、2003年1月29日のことでした。

　当時は、四半期財務情報の作成・開示の方法は、各社の判断に委ねられており、結果として、開示内容に差がみられる状態になっていました。

　開示内容の最低限の比較可能性と一定の信頼性を確保するため、関係者の間で理解が得られる四半期財務情報の作成・開示方法等に関する実務を、早期に整理することがその設立趣旨です。

　メンバーは、大学教授、公認会計士、各種研究機関研究員、金融機関や民間企業の経理担当者などで構成されており、委員会には金融庁、経済産業省、財務会計基準機構からもオブザーバーが出席しています。

　2003年3月7日に開催されました第四回委員会において、四半期開示の必要性などが討議され、会計処理に関し、①簡便法による異なる処理を行った事項については注記が必要であること、②季節変動要因については、投資家をミスリードしないよう理解が得られる事情説明を行うとともに、前期比較をあわせて開示するなどの対応が必要であること、③これまでどおり経営者による将来見通しは情報として必要であることなどが討議されています。

　更に、四半期検討委員会では、2003年8月に「四半期財務情報の作成・開示に関する手引き」を発表して、上場会社に提供しています。

♣ 四半期検討委員会による作成手引作成にあたっての意見は

　作成手引の作成にあたって集約された有識者の主な意見は、図表19のとお

【図表19　有識者の主な意見】

有識者の主な意見
- ① 四半期財務情報については、法定開示としてではなく、証券取引所における適時開示の拡充という考え方に沿って柔軟に開示されるものであること
- ② 年度決算に比べ投資者等の利害関係者の投資判断を大きく誤らせない範囲で、簡便な手続を採用することが許容されること
- ③ 開示内容については、当検討委員会の意見として、要約(連結)貸借対照表、要約(連結)損益計算書を基本とし、要約(連結)キャッシュフロー計算書及び法定開示に係る開示は任意でよいと考えること。ただし、年次財務諸表または中間財務諸表と異なる会計処理の方法を採用し、その差異に重要性がある場合には、その旨開示することが適当である

りです。

♣作成手引の本文は

作成手引の本文は、Ⅰ開示内容（8項目）と、Ⅱ財務情報の作成方法（全般的事項5項目、個別的事項30項目）の構成になっています。

その主なものについてみると、図表20のとおりです。

【図表20　作成手引の本文】

項　目	内　容
❶ 開示内容	① 開示情報 　要約連結貸借対照表及び要約連結損益計算書（連結財務諸表を作成していない会社の場合は単体のもの）の開示が基本となる。また、連結剰余金計算書、更には連結キャッシュ・フロー計算書を開示することも有用であると考える。 ② 科目表示 　主要な科目表示が行われていればよく、科目数は極力少なくしてもよいと考える。 ③ 開示対象期間（累計型か単独型か。累計型・単独型についてはQ7参照） 　基本的には累計型か、累計型と単独型を併記する方法が考えられるが、累計型の開示が難しい場合には単独型でもよい。 ④ （要約）(連結)キャッシュ・フロー計算書 　要約キャッシュ・フロー計算書を開示する場合の表示については、必要最低限の項目の開示でよいと考える。具体的には、「営業活動によるキャッシュ・フロー」、「投資活動によるキャッシュ・フロー」、「財務活動によるキャッシュ・フロー」を区分し、それぞれの区分の中で金額の大きいものを適宜抽出して科目表示するといった方法が考えられる。
❷ 財務情報の作成方法	(1) 全般的事項 　① 四半期財務情報の作成基準

中間や年次財務諸表の場合とは異なり作成基準がないので、中間（連結）財務諸表等の作成基準をベースとして作成することが考えられる。しかし、開示の迅速性が重要と考えられ、かつ、上場会社に過重な実務負担を強いることのないようにする必要があるため、中間・年度と比べ一定の簡便な手続を採用することが許容されると考える。

そこで、中間（連結）財務諸表等の作成基準をベースとしつつ、一定の簡便な方法により四半期財務情報を作成・開示する場合を前提として、実務の参考となるよう会計処理の方法等を例示するのがこの手引の趣旨である。

② 四半期財務情報の作成にあたっての考え方

他の財務諸表等との処理の首尾一貫性の観点から、会計方針は同一であることが望ましいが、必ずしもすべての事項について同一である必要はなく、大きくかい離するものでなければ、簡便な方法によることもできる。

③ 簡便な手続の考え方

投資者等の利害関係者の投資判断を大きく誤らせないと考えられる範囲で簡便な手続を採用することが認められると考える。

会社の事業の特性等に応じ、重要性の低い項目に限って簡便な方法を採用することが認められると考えるが、この場合、結果として、重要性の高低を会社の実質判断に委ねることになるので、判断の合理性を明確にするために、簡便な方法を採用した個々の会計処理について、重要なものについては採用した理由を開示する必要があると考える。

(2) 個別的事項

棚卸資産の実地棚卸、原価差異の調整、低価法の適用、金融商品・外貨建取引会計、固定資産、税金、引当金関連などについての取扱いが示されている（説明は省略）。

♣ 作成手引による四半期財務情報作成・開示の本質

作成手引による四半期財務情報作成・開示の本質をみると、図表21のとおりです。

【図表21 作成手引による四半期財務情報作成・開示の本質】

要望事項	作成者側の手続	要求される最低要件
① 迅速な開示 ② 作成者の過重な負担の回避 ③ 注記	① 中間財務諸表規則等に準拠する ② 手続における簡略化の選択が許される ③ 簡便法採用の場合の注記	① 迅速性の確保 ② 投資家の判断を大きく誤らせない ③ 最低限の比較可能性の確認 ④ 年次決算書等と大きくかい離しない ⑤ 一定の信頼性の確保

Q11 四半期決算書の監査は

Answer Point

♣四半期決算書については、正規の監査が行われていません。
♣新興株式市場のマザーズ上場企業は、監査法人等による意見表明手続を受けることが求められています。

♣ 正規の監査は行われていない

　決算書は、監査によって完成するといわれています。

　半期報告書や有価証券報告書に記載する財務諸表については、金融商品取引法により、公認会計士や監査法人による会計監査を受けることが義務づけられています。また会社法でも、監査人設置会社には公認会計士または監査法人による会計監査人監査を受ける義務を課しています。

　四半期決算書については、監査法人等による正規の監査手続を受ける義務はありませんし、監査報告書の添付義務もありません。

　正規の監査においても、一般に公正妥当と認められる財務諸表の作成基準に準拠しているかどうかを監査するのですが、一般的に公正妥当と認められる四半期決算書の作成基準がない以上、監査人の監査は正規の監査にはなりません。

　また、監査の実施に際しては、監査人は一般に公正妥当と認められる監査の基準に準拠して、通常実施すべき監査手続を実施することが求められていますが、四半期監査基準は未制定ですので、監査人は四半期監査の実施にあたって準拠する監査基準がないことになり、仮に監査を実施して、監査報告書を提出しても正規なものとは認められません。

♣ 意見表明手続を受けることが要求されているマザーズ上場会社

　マザーズでは、マザーズ上場企業に対して四半期開示制度開始の当初から、公認会計士または監査法人による四半期財務諸表に対する意見表明手続を受けることを要求しています。

　公認会計士等による意見表明業務は、四半期財務諸表に一定の信頼性を付与することを目的として実施されるものですが、監査人が意見表明業務を実施した結果、四半期財務諸表の信頼性について付与する保証の程度は、一般

に公正妥当と認められる監査の基準または中間監査の基準に準拠した監査によって付与する保証の程度に比べ限定的なものであるとされています。

　日本公認会計士協会では、平成12年1月18日付で「東京証券取引所のマザーズ上場企業の四半期財務諸表に対する意見表明業務について（中間報告）」（以下、中間報告といいます）を発表しています。

♣マザーズ上場企業の四半期財務諸表に対する意見表明業務

　この日本公認会計士協会の中間報告は、意見表明業務に関する同協会の会員の理解に資するとともに、会員の実務の参考に資することを目的としたものであり、意見表明業務は監査とは異なる業務であること、あくまでマザーズ上場企業の四半期財務諸表に対する意見表明業務の実施のために利用されることを予定しており、他の類似した業務において利用されることを意図したものでないことが断り書されています。

　この中間報告によりますと、意見表明のために、主として図表22に掲げる質問または分析的手続を実施することになっています。

【図表22　意見表明のための質問・分析的手続】

意見表明のための質問・分析的手続	
①	会社の業務及び会社が属している業界の状況についての質問
②	会社の内部統制の整備状況及び直近決算日（中間決算日を含む）後の重要な変化についての質問
③	会社が採用している会計処理の原則及び手続の内容、これらの変更の有無並びに新たな会計処理の原則及び手続の採用の有無に関する質問
④	財務データ相互間または財務以外のデータと財務データ間の矛盾または異常な変動の有無を検討し、四半期財務諸表の合理性を確かめる分析的手続
⑤	株主総会及び取締役会等の議事録、重要な決裁文書の閲覧
⑥	重要な後発事象または偶発事象等の発生の有無に関する質問

♣意見表明は一定の信頼性を付与するための業務

　意見表明は、国際監査基準や米国基準に定められているレビューに類似する業務と考えられていて、作成者側の過重な負担を避け、3か月という短期間の財務情報を迅速に公開するための妥協の産物であり、正規の監査よりは信頼性が低いものの、一定の信頼性を付与するための業務です。

　意見表明を担当するのが中間や年度監査を行っている監査法人であるのが普通ですので、これら監査法人等では、調査先会社の財務や業績の現況は熟

知しているはずですし、当該四半期の期間を含め、継続的に監査を実施しています。

　会社側でも、会社の財務などについて熟知している監査法人などの質問には、でたらめな回答をすることができないなどで、質問や分析的手続だけでも、四半期決算書について、信頼性の高い意見の表明ができることが多いと考えられます。

　マザーズ以外の新興株市場の企業でも、意見表明業務を可能な限り早期に実施する方針のようです。

♣意見表明についてみると

　四半期決算書については、監査法人等による監査を受ける義務がありませんので、監査法人等の監査報告書が添付されることがないのは当然のことですが、四半期財務・業績の概況に、"監査法人等による監査を受けていない"旨の断り書をしている会社もあります。

　マザーズでは、監査法人等の意見表明の手続を受けることを要求していますが、各社の四半期財務・業績の概況には、単に、下掲の文言が記載されているだけで、監査法人等による意見表明書のようなものは記載または添付されていません。意見表明手続を行った監査法人などの名称も記載されないのが普通です。

　「四半期（連結）財務諸表については、東京証券取引所の『上場有価証券の発行者の会社情報の適時開示等に関する規則の取扱い』の別添に定められている『四半期財務諸表に対する意見表明に係る基準』に基づく意見表明のための手続を受けております。」

　したがって、意見表明のために、どのような内容の手続が、誰によって行われたかなどが不明であることが多いし、本当に意見表明の手続を受けているのかについての保証がなく、会社側の上記の記載を信用するほかありません。

　マザーズ上場会社以外で、意見表明手続を受けた旨の記載のある会社はないようですが、前述の日本公認会計士協会による「東京証券取引所のマザーズ上場企業の四半期財務諸表に対する意見表明業務について（中間報告）」は、マザーズ上場会社だけを対象とし、他の類似した業務に利用されることを意図したものでないことが付記されていますので、会社側で意見表明業務の実施を希望しても、監査法人などでは、引き受けないのかもしれません。

Q12 四半期決算書の信頼性は

Answer Point

♣四半期決算書については、正規の監査が行われていませんが、まったく監査が行われていないということでもありません。
♣中間決算や年度決算との整合性を保つため、四半期においてもまったくでたらめな決算書はつくりにくいのです。
♣監査法人等による意見表明手続は、正しく実施されれば効果的と考えられます。

♣まったく監査が行われていないということではない

　四半期決算書については、監査法人などによる正規の四半期監査は行われていませんが、中間・年次監査においては、四半期間中の会計取引についても期中監査として監査人の監査手続が行われています。
　問題は、四半期における決算手続の監査が行われていないことです。したがって、会社側で四半期末の会計帳簿の締切りを正しく行っていなかったり、翌四半期の売上高を先食いしていたり、四半期末の在庫高を水増しするなどの粉飾を行っていても、監査によるチェックは行われません。
　また、監査人の監査を受けた正規の帳簿記録などとは別な数値で決算書を作成する可能性も否定できません。

♣中間・年次決算との整合性のためでたらめな四半期決算書はつくりにくい

　例えば、第3四半期で架空売上高を計上して、架空利益を計上したとしても、年次決算で監査人の目を誤魔化せないときは、架空利益は年次決算には計上できず、取り消さねばなりませんので、正しい金額の売上高や利益を計上することになります。
　この場合、第4四半期に売上高が著しく伸びて、利益も増えるときは別として、第3四半期までの業績に比べ、年度末に向かって業績が低下したようにみえる恐れがあります。
　企業側としては、期間の経過に伴って業績が上昇しているようにみせることが望ましいのですから、年次の数値も粉飾できないのなら、四半期の業績だけを粉飾するメリットは少なく、むしろデメリットのほうが多いと推察されます。

♣ 四半期決算といえどもあまりに極端な手抜きはできない

　四半期決算では、事務手続の簡略化のため、一部の決算手続を省略したり、期末の締切手続は、中間や年次決算におけるほどには正確に行われないことがあります。あるいは、期末間近の費用などは予定値を用いることなどもあります。

　しかし、このために本来の数値と大幅にかけ離れるようなことになると、年度決算書などの数値との間の整合性が低くなるなどの弊害がでてきます。そのため、四半期決算といえども、あまりに極端な手抜きはできないことが多いと思われます。

　この意味では、中間・年次決算での監査業務が、四半期決算での不正または不正確な会計処理に対するブレーキにはなると考えられます。

　四半期概況を公開する企業ではすべて、中間や年次決算書について監査法人などに正規の監査を受けていますので、四半期決算書について、全くでたらめな処理方法によるものや、大々的な粉飾が施された決算書は公表されることはまずないと考えられます。

　ただし、中間・年次決算書についても、信頼性が乏しいとみなされるような会社については、そもそも、監査法人等の監査機能が有効に機能しているかどうかに疑問がもたれるのであって、正規の中間・年次監査が行われていることや、意見表明手続が行われていることが、四半期決算書の信頼性を高めることにはなりません。

♣ 監査法人等による意見表明手続の有効性は

　現在、マザーズ上場企業では、監査法人等による意見表明手続を受けることが求められています。

　ただ、意見表明業務を受けている企業でも、四半期財務・業績の概況には、監査法人による意見表明報告書などは記載されていませんので、手続の内容や調査結果などについて知ることができません。

　前述したとおり、中間・年次監査を実施している監査法人などが意見表明業務を担当していると思われますので、質問などによる簡単な調査だけでも、かなり正確な判断ができると考えられます。

　正規の監査報告書に比べると、保証の程度は限定的なものになるとしても、一応は四半期決算書の信頼性を保証する効果はあると考えます。

　四半期財務情報開示の主な趣旨が、迅速で適時の情報開示にあるとしますと、ある程度信頼性が低くても、利害関係者は、迅速で適時に情報が入手できるメリットで満足できるのが普通と思われます。

Q13 季節変動の激しい会社の四半期決算書の問題点は

Answer Point

♧ 四半期ごとの業績に、投資家などが過敏に反応する傾向がみられます。
♧ 投資家などの評価を気にして、企業側では利益の平準化などに走る恐れがあります。
♧ 投資家などの評価を気にして、経営方針決定などにおいて近視眼的になる恐れがあります。

♣ 四半期ごとの業績に投資家などが過敏に反応する

　季節変動の激しい企業については、閑散期には売上高も利益も減少するのが当然なのに、業績として公開されると、投資家などの外部の利害関係者には、業績が低下したような印象を与える恐れがあります。

　反対に、繁忙期には業績が上がりますので、会社の収益力が上昇したような錯覚に陥ります。季節変動の激しい企業については、季節ごとの業績の変動に一喜一憂するのでなく、季節変動を念頭に年次数値を予想し、年次単位で評価をすることが肝心です。

　企業側でも、季節ごとの業績変動にはとらわれることなく、年次の数値や、業績のトレンドとの関連で、四半期業績を評価する必要があります。そのためには、直前の四半期と業績などを比較するのではなく、前年の同一四半期と比較する分析法を取る必要があります。

　年次予算に対する各四半期での達成度から年度末における予算達成の可能性などを判断することも大切です。

　企業側は、投資家の目を気にしますが、主要な投資家は、企業業績についての季節変動の影響についても熟知しており、季節ごとの変動だけで投資先を評価するようなことはしません。近視眼的な投資家などに対しては、日頃から自社の季節変動のパターンなどの宣伝につとめ、投資家などの企業をみる目の改善を図るなど、投資家たちの啓蒙にも力を注ぐ必要があります。

♣ 四半期ごとに財務内容も大きく変化することがある

　季節変動の激しい会社では、季節ごとに財務内容までもが大幅に変化する

ことがあります。

　例えば、シーズン入りの最初の時期では、在庫と在庫購入のための借入金残高が大きく膨らんでいますが、シーズン終了の時期では、在庫は販売され、シーズン中に販売した分の代金回収が進んでいるため、借入金の返済が進んで、在庫残高とともに借入金残高が減少しています。

　借入金が減少した時期の四半期決算書により、借入金は少なく、資金繰りが健全であるなどと判断すると、間違いのもとになります。

　この時期に自己資本比率を計算すると、著しく高い比率になる可能性があり、これで財務安全性などを評価すると間違いのもとになります。

　季節変動を念頭に、季節ごとの資産・負債の変動状況から財政状態なども評価することが大切です。

♣利益平準化の操作の有無にも注意を

　会社側で利害関係者の目を気にして、四半期間の利益平準化の操作を行う可能性に注意する必要があります。

　四半期間の利益平準化操作だけが目的で、年度の数値は操作されることがない場合でも、季節変動に伴う業績や財務の正しい変動状態を知ることができないため、期間比較に支障をきたすことになる恐れがあります。

　業績低迷の時期では、利益平準化の結果、年度末の利益が不足する結果となり、利益の粉飾に走らざるを得なくなる恐れもあります。

　このような操作を見破るには、過去の実績や、同業他社での季節変動の影響状況などから、あるいは取引や気候条件などから常識的に推察される季節変動の影響度と比べるなどして、平準化の操作が行われていることを推察することになります。しかし、四半期財務情報開示の初めから計画的に利益平準化の操作をしている場合には、年度比較では平準化の操作は見破れないことが多いでしょう。

♣その他こんな点にも注意を

　季節変動は、年度ごとに一定でないことがあります。

　夏の猛暑が長引いたため、需要増が次の四半期にまで持続することがあります。顧客の趣味や利用法などが変わって、季節変動の様相が変わることもあります。

　投資家などは、このような構造の変化にも留意して、季節変動の影響をみる必要があります。

Q14 年度末の利益操作を見破るには

Answer Point

♣ 四半期ごとの業績を公表していると、年度末の利益操作は困難になります。
♣ それでも、粉飾などは期末に行われる可能性が高いので、期末の粉飾を見抜く分析は必要です。

♣ **四半期決算書の公開は年度末の粉飾を防止する効果がある**

　四半期決算書を公開している会社は、年度末に売上高などの水増しの粉飾を行うと、これまでの四半期の売上高の推移と比べて異常に増加するなどで、この種の粉飾はし難くなります。

　もっとも、年度末に売上高が落ち込んだのを隠すために水増しする場合は、このような異常は現れませんので、発見は困難ですが、年度末の売上高の先食いの場合は、次の第1四半期の売上高が異常に減少することが多いので、その売上高をみることによって発見できる可能性があります。

　売上高の先食いではなく、本物の水増しの場合には、相手勘定の売上債権などの年度末残高が膨らんで、次の第1四半期、第2四半期などにおいても正常値に戻りませんので、次の年度の四半期ごとの売上債権回転期間に注意することによって、粉飾を発見できる可能性があります。

　会計期間が短くなるほど、粉飾などによる異常が目立つようになります。したがって、年度初から計画的に粉飾を行っている場合でない限り、四半期決算書が公開されている会社は、年度末での粉飾はやりにくくなりますから、四半期決算書の公開は粉飾防止に効果的であると考えられます。

♣ **それでも粉飾が実行されることがある**

　それでも、年度末に粉飾が行われることが多いのですが、年度末における異常に注目したり、次年度の第1四半期以降の変動状態を追跡調査することによって、年度末の粉飾が発見できる可能性があります。

　また、この種の追跡調査では、決算期が短いほど、次期の決算書入手までの期間が短縮されますので、粉飾発見のために必要な期間が短縮できる可能性が高くなります。

Q15 業績予想の確度向上は

Answer Point

♣ 四半期財務・業績概況には、年度末の業績予想が記載されます。
♣ 業績予想の確度をあげる努力は必要ですが、見直しが必要になったとき、直ちに見直しを公開する態度も大切です。

♣ **業績予想は困難なもの**

　業績の予想は、大抵の企業にとって極めて困難な業務です。3年、5年先はいうに及ばず、1年先、半年先の業績を正確に予想するのも至難の業です。

　そのため、決算短信や四半期概況の業績予想欄には「上記の予想は、本資料の発表日現在において入手可能な情報に基づき作成したものであり、実際の業績は、今後様々な要因によって予想値と異なる場合があります」との断書が記載されているのが普通です。

　法令などの規定に基づき作成・公開される半期報告書や有価証券報告書には、業績予想などは記載されることはありませんが、証券取引所の内規などに従って提出される決算短信には、次の年度の売上高、経常利益、当期純利益の予想値が記載されています。

　この予想値は、次の第1四半期の概況、中間期の決算短信、第3四半期の概況に引き継がれ、予想値を見直しする必要があるときは、中間決算短信や四半期概況に、見直し後の予想値と、見直しの背景を記載することになっています。

　これまでの例では、概況などで決算短信の予想値が見直されることが多いのですが、予想値の確度を上げるには、希望的観点から予想をするのを止めることや、期初における予想をより慎重に行うか、予想技術のレベルを向上させること以外に方法はありません。

　予想値の確度を上げる努力とともに、見直しが必要になったときには直ちに修正を行い、公開する態度が大切です。

　もう少し様子をみてとか、そのうち何とかなるとの期待から見直し発表を遅らせると、公開態度が不明朗だとして投資家などの信頼を失う原因になりますし、年度末に粉飾に走らざるを得ない羽目に追い込まれることにもなりかねません。

♣ **決算短信等における予想値の信頼性を調べてみると**

　マザーズ上場企業について、決算短信などによる予想値の信頼性について調べてみました。

　マザーズを選んだのは、長い期間の四半期情報が得られるからです。

　マザーズ上場企業で、3月決算の企業で、2004年3月期以降の四半期財務情報が連続的に得られる企業17社選びました。

　これら17社について、2004年3月期から2006年3月期までの年度について、年度初における決算短信の売上高、経常利益、当期純利益の予想値が、その後の四半期においてどのような見直しが行われたか、実績値はどうなったかを調査しました。

　図表23は、調査結果について次の3段階の評価を行っています。ただし、評価は売上高、経常利益についてのみ行い、当期純利益は単に参考値として掲げただけで、評価は行っていません。

(1)　期末実績値が期初予想値と比べ－10％の誤差の範囲に収まった場合を①とする。実績値が予想値を超えている場合にはすべて①とする。

(2)　第3四半期までに期初予想の－20％内の修正を発表し、その結果、期末実績が修正値の－10％内の誤差に収まった場合を②とする。期中修正せずに－30％内に収まった場合も②とする。

(3)　その他を③とする

　6項目のすべてが①の企業を第1グループとします。17社中3社がこのグループに属します。

　第2グループは、過半数の項目が①である企業で、17社中4社がこのグループに属します。

　第3グループは、2～3項目が①である企業が7社あります。

　第4グループは、①が1項目以下の企業であり、3社がこのグループに属します。

　以上を総合しますと、すべての項目で期初予想の90％以上の的中率で実績を上げた企業は全体の2割以下の3社に過ぎず、半数以上の企業では70％以下の的中率でしか実績を上げられなかった項目が半数以上に上ることになります。

　期初予想は、決算日の10～11か月前に行われるものであり、この程度の短期間についても、業績予想が極めて困難なものであることを示していると思われます。

　前年度の決算短信における翌期の業績予想において、翌中間期についても

【図表23　各四半期における業績予想値と実績値との対比表】　　　（単位：百万円）

	2004年3月期			2005年3月期			2006年3月期		
	期初予想	修正	実績	期初予想	修正	実績	期初予想	修正	実績
第1グループ（6項目ともすべて①の企業）3社									
○　ドリームインキュベータ（個別）									
売上高	1,600	1,600	1,689①	1,800	1,800	2,253①	2,300	3,580	4,175①
経常利益	500	400	504①	600	600	648①	800	1,730	1,063①
当期純利益	250	250	274	320	320	371	870	870	623
○　メッツ（連結）									
売上高	320	320	336①	360	600	665①	1,550	1,970	1,959①
経常利益	160	160	184①	180	190	205①	340	400	396①
当期純利益	100	100	126	170	200	209	300	400	407
○　Jストリーム（個別）									
売上高	1,800	1,800	1,727①	2,000	2,000	2,121①	2,300	2,540	2,481①
経常利益	45	45	41①	45	45	53①	100	104	129①
当期純利益	10	10	12	40	40	49	98	98	122
第2グループ（6項目中4または5の項目で①の企業）4社									
○　フォーバルテレコム（連結）									
売上高	5,900	5,900	6,115①	6,400	7,100	7,740①	10,000	11,000	11,024①
経常利益	170	170	205①	300	400	452①	1,000	1,000	868③
当期純利益	170	170	205	300	650	726	1,000	1,000	841
○　ブイ・テクノロジー（連結）									
売上高	6,200	7,700	8,458①	10,010	10,365	10,680①	13,250	14,001	14,618①
経常利益	328	328	185③	321	260	386①	1,500	1,900	2,096①
当期純利益	310	300	163	292	235	846	900	1,080	1,251
○　スカイパーフェクト（連結）									
売上高	75,000	72,400	72,475①	77,000	74,000	74,016①	85,000	82,500	82,329①
経常利益	2,500	4,600	4,853①	5,200	4,400	3,681②	500	0	106③
当期純利益	3,000	4,300	4,384	5,000	4,400	3,709	1,000	500	357
○　WOWOW（連結）									
売上高	63,000	61,500	61,610①	63,000	63,400	66,900①	63,900	64,600	64,113①
経常利益	650	-940	-272③	2,100	2,665	2,665①	3,000	1,600	2,346③
当期純利益	550	-1,600	-1,072	2,150	2,150	2,203	2,700	1,200	1,815
第3グループ（6項目中2または3の項目で①の企業）7社									
○　ジャパンデジタルコンテンツ（個別）									
売上高	1,000	1,000	973①	1,200	1,370	1,213①	2,000		1,498③
経常利益	100	160	91①	120	50	-502③	470		-652③
当期純利益	50	90	87	65	27	-529	220		-653
○　アイ・ビー・イー（個別）									
売上高	2,200	2,200	2,151①	2,500	2,500	2,834①	3,200	1,600	1,501③
経常利益	170	170	147②	300	210	188③	200	-770	-887③

Q15　業績予想の確度向上は

当期純利益		170	170	80	300	120	100	110	-1380	-2131○
○ シーフォテクノロジー（個別）										
売上高		1,500	1,100	1,209②	2,160	2,160	950③	1,450	1,450	1,324①
経常利益		180	-220	-218③	210	210	-502③	50	50	74①
当期純利益		100	-230	-229	210	210	-509	50	50	71
○ アイ・シー・エフ（連結）										
売上高		2020	1064	1253③	1583	2800	5756①	18,000	15,849	15,478③
経常利益		30	-454	-462③	130	680	671①	1380	902	-940③
当期純利益		40	-104	95	100	610	599	850	446	-5,554
○ リアルビジョン（連結）										
売上高		1500	1800	2010①	2400	2000	1,942②	2,500	2,500	2,637①
経常利益		50	-350	-377③	50	-370	-404③	30	-480	-414③
当期純利益		40	-360	-379	35	-285	-348	25	-450	-1277
○ アドバックス（個別）										
売上高		2,000	2,170	2,310①	1,000	1,000	903①	1,500	1,200	1,206③
経常利益		40	50	-231③	28	-120	-290③	80	-145	-234③
当期純利益		38	47	-163	25	-150	-494	70	-150	-239
○ アイ・ビー・イー（個別）										
売上高		2,200	2,200	2,151①	2,500	2,500	2,834①	3,200	1,600	1,501①
経常利益		170	170	147②	300	210	188③	200	-770	-887①
当期純利益		170	170	80	300	120	100	110	-1,380	-2,131
第4グループ（①が1項目以下の企業）3社										
○ トランスジェニック（個別）										
売上高		800	570	575③	1260	630	640③	550	550	470③
経常利益		-900	-1,480	-1,470③	-960	-1,280	-1,299③	-960	-960	-928①
当期純利益		-900	-1,485	1,593	-970	-1,290	1,349	-980	-980	-964
○ ぷらっとホーム（個別）										
売上高		6,870	4,956	4,413③	4,794	4,343	3,684③	4,880	3,550	3,300③
経常利益		-670	-488	-393①	10	0	-155③	15	-235	-250③
当期純利益		-720	-1,405	1391	5	-5	-160	2	-280	-296 6
○ エルミックシステム（連結）										
売上高		2,108	1,763	1,733②	1,660	1,254	1,254③	1,698	1,709	1,679①
経常利益		70	-68	-79③	110	-24	2③	60	23	42③
当期純利益		13	144	142	71	-420	-590	8	-79	-45

業績予想を記載していて、次の第1四半期で見直しをする企業も相当数あります。

　ここでは、年次業績についてのみを取り上げていますが、中間期の予想は短期予想ですので、期初予想が大きく外れる例は少ないようです。

Q16 「四半期財務・業績の概況」を読むにあたって注意することは

Answer Point

♧調査の目的や調査先の信用状態などによって調査の仕方が違います。
♧会社によって記載項目や内容の濃淡に差があります。
♧企業ごとの各四半期の特性を念頭に読みます。
♧定性的情報にも注意します。
♧業績予想やその見直しにも注意します。

♣ 調査の目的により取扱いが違う

　中間や年次では、半期報告書や有価証券報告書により詳細調査を行いますが、四半期については、簡単な調査ですませることが多いと思われます。どの程度の密度の調査をするかは、調査の目的や調査先の信用状態や格付などによって異なります。

　四半期概況を調査する場合、①四半期概況をさっと通読するだけ、②当四半期の概況のみならず、主要指標について過年度記録と比較したり、主要な財務比率を計算するなどの簡単な財務分析を行う、③四半期決算書の分析を含め、できる限り厳密な分析を行う、などのやり方があります。

　そこで最初に、調査の目的や、調査先の現況などにより、どの段階の調査をするのかについて、調査の基本方針を決める必要があります。

　株式投資が目的で、株価がわずかに値下がりするだけで多額の損失をこうむる場合の調査には、四半期でも、中間や年次における調査と同じ密度で調査をして、その時々の企業価値を評価する必要があります。

　取引先の与信管理の目的では、大抵の上場会社に対しては、厳密な四半期分析などは必要がないことが多いでしょう。

　継続的な調査先については、調査先ごとに、目的に応じて、Ｑ18の図表28のような年次ごと四半期ごとの主要指標についての連記表を含む調査票をつくっておくと便利です。

　主要指標の連記表には、年度ごとに新しい数値を記入して行くようにし、各年度の特記事項や備忘記録などをメモ書できるようにしておくと、過年度の四半期概況などを引っ張り出さなくても、調査票だけで用が足りることが多いでしょう。

♣ 記載項目や内容の濃淡の差に注意

　四半期概況は、法令などにより提出を強制されるものではなく、監査法人等による監査も受けていません。記載要領や標準様式が発表されていますが、細部の記載は、作成者の企業の判断に任されていますので、記載項目や記載内容には濃淡の差が出てきます。

　また、記載要領や標準様式を無視して自社様式で作成する企業や、様々な口実を用いて基本的な要件を満たさない手抜きのものを発表しているところもあります。

　自社様式がすべて悪いというのではなく、企業ごとの特殊性を踏まえて、作成企業の財務開示に適した様式により、より的確に自社のことを知ってもらおうとする意図が明らかなものも多くあります。

　四半期概況を読むにあたっては、このような会社ごとの四半期概況の内容の濃淡にも留意して、開示姿勢や開示におけるクセのようなものを見抜いて、開示姿勢などから、決算書などの読み解き方についての方針を決めます。会社ごとの特色やクセなどを理解したうえで四半期概況を読み解くことも大切です。

　累計型か単独型かを見極め、必要に応じ、累計型から単独型に、単独型から累計型に換算をして、それぞれの型の特色を生かして分析を進めます。

　四半期概況には、当四半期のほかに、前年度の同一四半期の概況が記載されますので、前年の同一四半期との比較ができます。また、当四半期及び前年同一四半期とともに前年度の年次決算書が併記されますので、これらを比べることによって、本年度における業績や財政状態の変化の方向や趨勢を推定することができます。

　概況把握が目的の場合でも、2期間の情報だけでは不十分なことが多いので、適宜2期間以前にも遡って概況資料を集めることが必要になります。

　有価証券報告書では、重要な経営指標等の推移として5年間の主要指標の推移表を掲載していますが、前述の調査票には少なくとも5年間程度の期間の数値を連記できるようにしておくべきでしょう。

♣ 各四半期の特性に合わせて読む

　季節変動の影響をそれ程顕著に受けない企業でも、財務や業績の推移には、四半期ごとに差異がみられるのが普通です。

　四半期概況を読み解くには、まず、どの四半期のもので、この四半期にはどのような特徴が現れるかなどを念頭において読み進むことが大切です。四半期の特性などを無視すると、当該四半期について間違った判断をしたり、

四半期概況が出している重要な信号などを見逃す恐れもあります。

♣ 定性的情報にも注意を

定性的情報とは、経営者の能力、業歴、製・商品の将来性など相手先の観察や世間の噂などから得られる計数情報以外の情報のことをいいます。

四半期概況には、経営成績の進捗状況に関する定性的情報等、財政状態の変動状況に関する定性的情報等、業績予想に関する定性的情報等、を記載することになっています。

財務分析が得意な人には、定性的情報を軽視する人が多いのですが、計数的情報と定性的情報はどちらも等しく重要であり、四半期概況のせっかくの定性的情報を利用しない法はありません。

計数的情報では、異常を疑われる事項も定性的情報により正常であったことを確認できることがありますし、定性的情報により計数的情報の異常を見つけることもできます。

計数的情報から描き出せる会社の現在の姿と、環境条件や定性的情報から得られる会社のイメージが一致するかどうかなど、質量両面からマクロの立場で開示情報を読み解くことが大切です。

♣ 業績予想のもつ意味

四半期概況や決算短信には、半期報告書や有価証券報告書にはない、業績予想の欄があります。

もともと予想には不確定要素が多いうえに、企業自身ではコントロールできない外部の要因により左右されることが多くあります。業績予想は会社法や金融商品取引法などによる規定の埒外にあり、投資家のための参考情報として、証券取引所が公表を要求するものです。

それに、業績予想は監査法人等の監査を受ける必要のない項目であり、信頼性を保証する裏づけのないものです。予想をする企業側でも、予想が外れたとしても、罰則を受けることがないし、最初から実現の可能性のない甘い予想を発表していた場合でも、予想が外れた理由を、環境の変化などの理由にすり替えられます。

しかし、業績予想は投資家が投資判断を行う重要な情報の一つになっており、株価形成に重要な役割をしています。大幅な下方修正をしたり、決算結果が予想値を大きく下回った場合などには、株価が暴落するなどの制裁を受けます。

業績予想を読むポイントについては、Q20で別途取り上げますが、業績予想やその見直しと実績とを比べることによって、作成者がどれだけ真剣に財務公開にあたっているかや、予測能力などを推定できますので、作成者側の開示姿勢を読む重要なカギになります。

　AOKIの直結ベースの第1四半期財務・業績の概要についてみると、図表24のとおりです。

【図表24　AOKIの第1四半期財務・業績の概要（連結）の例】

平成19年3月期　第1四半期財務・業績の概況（連結）

平成18年8月9日

上場会社名　株式会社AOKIホールディングス　（コード番号：8214　東証・大証第一部）
（URL　http://www.aoki-hd.co.jp/）
問合せ先　代表者役職・氏名　代表取締役社長　青木擴憲
　　　　　責任者役職・氏名　専務取締役　中村憲侍　TEL：（045）941-4888

1．四半期財務情報の作成等に係る事項
　①　会計処理の方法における簡便な方法の採用の有無　：　有
　　（内容）たな卸資産については、帳簿たな卸により算定しております。
　②　最近連結会計年度からの会計処理の方法の変更の有無　：　無

　③　連結及び持分法の適用範囲の異動の有無　：　無

2．平成19年3月期第1四半期財務・業績の概況（平成18年4月1日～平成18年6月30日）
　（1）経営成績（連結）の進捗状況

（百万円未満切捨て）

	売　上　高		営業利益		経常利益		四半期（当期）純利益	
	百万円	％	百万円	％	百万円	％	百万円	％
19年3月期第1四半期	28,376	3.4	2,936	△11.1	3,274	△6.8	1,690	38.5
18年3月期第1四半期	27,438	10.2	3,302	20.1	3,512	22.3	1,221	△34.0
（参考）18年3月期	106,686	14.9	10,163	45.6	11,110	42.3	5,431	73.7

	1株当たり四半期（当期）純利益		潜在株式調整後1株当たり四半期（当期）純利益	
	円	銭	円	銭
19年3月期第1四半期	37.35		37.23	
18年3月期第1四半期	26.68		26.48	
（参考）18年3月期	116.33		115.73	

（注）　1．売上高、営業利益等におけるパーセント表示は、対前年同四半期（前期）増減率を表示しております。
　　　　2．主にファッション事業において、売上高及び利益に季節的変動があります。

［経営成績（連結）の進捗状況に関する定性的情報等］
　当第1四半期におけるわが国経済は、設備投資や企業収益の改善などにより緩やかな回復基調が続いており、個人消費も概ね堅調に推移いたしました。
　このような状況のなかで、ファッション事業では特に週末の天候不順などから夏物衣料の出遅れが見られましたが、5月下旬から気温の上昇やクールビズの効果、また新ロゴによる「AOKI」への進化のための改装セールを実施したことなどにより客数が増加し、既存店売上高は前年同四半期比1.7％増加いたしました。新規出店については、AOKIで10店舗、ORIHICAで3店舗とほぼ予定通り進行しております。
　なお、前年同四半期は、連結子会社でありました株式会社トリイが合併前の完全閉店御礼セールにより売上高、営業利益を大幅に伸ばしましたが、当第1四半期では主に連結子会社において新規出店の増加により販売費及び一般管理費等が増加いたしました。
　これらの結果、第1四半期の業績は対前年同四半期比で微増収ながら営業利益、経常利益は減益となりましたが、計画比では売上高はほぼ予定どおり推移しており、営業利益、経常利益及び四半期純利益は、計画をやや上回る状況で推移しております。

3　四半期決算書「四半期財務・業績の概況」の読み解き方は

(2) 財政状態（連結）の変動状況

	総資産	純資産	自己資本比率	1株当たり純資産
	百万円	百万円	％	円　銭
19年3月期第1四半期	144,365	89,605	61.0	1,943.81
18年3月期第1四半期	137,552	84,442	61.4	1,842.28
（参考）18年3月期	145,511	87,145	59.9	1,922.96

【連結キャッシュ・フローの状況】

	営業活動によるキャッシュ・フロー	投資活動によるキャッシュ・フロー	財務活動によるキャッシュ・フロー	現金及び現金同等物期末残高
	百万円	百万円	百万円	百万円
19年3月期第1四半期	△1,889	△3,065	△1,007	18,150
18年3月期第1四半期	2,131	△1,857	155	20,949
（参考）18年3月期	14,236	△9,983	△659	24,113

［財政状態（連結）の変動状況に関する定性的情報等］
①財政状態（連結）の変動状況
　当第1四半期末の総資産は、前連結会計年度末に比べ11億45百万円減少し1,443億65百万円となりました。この減少の主なものは、新規出店により固定資産やたな卸資産が増加する一方、法人税等の支払いや長期借入金の返済による現金及び預金の減少によるものです。
②連結キャッシュ・フローの状況
　当第1四半期末の現金及び現金同等物は、前連結会計年度末に比べ59億62百万円減少し、181億50百万円となりました。
　営業活動によるキャッシュ・フローは、前年同四半期と比べ40億21百万円減少し18億89百万円の支出となりました。この減少の主なものは、法人税等23億56百万円及びたな卸資産の増加による支出10億36百万円の増加等によるものです。
　投資活動によるキャッシュ・フローは、前年同四半期と比べ支出が12億8百万円増加し、30億65百万円の支出となりました。この増加の主なものは、有形固定資産の取得による支出6億67百万円及び保証金・敷金の差し入れによる支出4億62百万円の増加等によるものです。
　財務活動によるキャッシュ・フローは、前年同四半期と比べ支出が11億62百万円増加し、10億7百万円の支出となりました。この支出の増加の主なものは、前年同四半期における長期借入金の減少4億円及び当四半期における長期借入金の返済の増加2億45百万円等によるものです。

3．平成19年3月期の連結業績予想（平成18年4月1日～平成19年3月31日）

	売上高	経常利益	当期純利益
	百万円	百万円	百万円
中間期	48,630	2,160	850
通期	110,660	10,600	4,850

（参考）1株当たり予想当期純利益（通期）　107円12銭

［業績予想に関する定性的情報等］
　第1四半期の連結業績推移は概ね予定どおり推移しており、業績予想の変更はありませんが、単体において繰延税金資産の取崩しによる税金費用の増加により、中間期及び通期の業績予想を修正いたしました。なお、前回予想との差異等につきましては、本日別途開示いたしました「業績予想（単体）の修正に関するお知らせ」をご参照ください。

（注）業績予想は、今後様々な要因によって異なる結果となる可能性があります。

　個別の決算書しか公開していない企業では、個別ベースの四半期財務・業績の概況を公開することになりますが、連結ベースの四半期財務・業績の概況を公開している企業では、同時に個別ベースの四半期財務・業績の概況をも公開する企業が多いようです。AOKIでは、連結ベースのものしか公開していません。

Q17 四半期財務情報の作成等に係る事項を読むポイントは

Answer Point

♧ 簡便な方法の採用の有無に注意します。
♧ 会計処理方法の変更の有無にも注意します。
♧ 連結情報については、連結適用範囲の異動の有無にも注意します。

♣ 簡便な方法の採用の有無

　四半期概況では、四半期財務情報の作成等にかかる事項として、図表25の事項が記載されることになっています。

【図表25　四半期概況の記載事項】

四半期概況の記載事項	① 会計処理の方法における簡便な方法の採用の有無
	② 最近（連結）会計年度からの会計処理の方法の変更の有無
	③ 連結及び持分法の適用範囲の異動の有無

　図表25の①は、四半期決算では簡便な会計処理の方法を採用することが認められているため、簡便処理法を採用することによって投資家等の投資判断を大きく誤らせることがないかをチェックできるように設けられたものです。
　簡便法を採用している旨を記載している場合には、その合理性を判断し、簡便法を採用していることにより信頼性が大きく損なわれていないかをみます。そして、四半期概況を読むうえでの注意点を見極め、具体的な調査法を決めます。

♣ 会計処理方法の変更の有無に注意

　会計処理方法の変更は、正当な理由がある場合にのみ認められますが、会計処理の原則・手続を変更したときは、その旨、変更の理由及び当該変更が財務諸表に与えている影響の内容を記載しなければなりません。
　四半期概況では、会計処理方法変更の有無と、その内容を記載することになっています。
　この記載により、変更が正当な理由によるものかどうかや、変更による影

響額を知ることができます。これらの事項のほかにも、当該四半期において変更することの妥当性も調べる必要があります。

♣連結適用範囲の異動の有無
　連結子会社に異動があった場合、連結を開始する時期が適切かどうか、異動による連結情報に与える影響などを推察します。

【図表26　AOKIの四半期財務情報の作成等に係る事項の例】

```
平成19年3月期　　第1四半期財務・業績の概況（連結）
　　　　　　　　　　　　　　　　　　　　　　　　　　平成18年8月9日
上場会社名　　株式会社AOKIホールディングス　（コード番号：8214 東証・大証第一部）
（URL http://www.aoki-hd.co.jp/）
問合せ先　代表者役職・氏名　代表取締役社長　青木拡憲
　　　　　責任者役職・氏名　専務取締役　　　中村憲侍　　TEL：(045)941-4888
1．四半期財務情報の作成等に係る事項
　①　会計処理の方法における簡便な方法の採用の有無　：　有　　（注意）
　　　（内容）たな卸資産については、帳簿たな卸により算定しております。
　②　最近連結会計年度からの会計処理の方法の変更の有無　：　無
　③　連結及び持分法の適用範囲の異動の有無　　　　　　　：　無
```

　図表26によりますと、AOKIでは平成18年8月期第3四半期では新規に連結対象となった子会社及び連結対象から除外された会社は1社もなかったこと、持分法適用会社についても異動がなかったことが記載されています。
　異動があった場合でも、四半期財務・業績の概況の標準様式では、適用範囲の異動の有無と内容を記載すればよいことになっていますが、年次決算書や中間決算書では、注記により、異動の理由や新規適用会社や除外会社の名称などが明らかにされています。
　四半期概況に決算書の注記まで記載している会社が多く、このような会社では、四半期概況からでも、連結対象子会社や持分法適用会社の構成の入替状況がわかります。
　四半期で異動の内容までわからなくても、次の中間や年次報告書を見ればわかることなので、大した支障にはならないことが多いのですが、M&Aが盛んで、四半期中にでも連結対象会社の構成が大きく変動する会社では、四半期単位での異動の内訳などは重要な情報になります。
　標準様式にかかわらず、異動の明細まで公開することが望まれます。

Q18　経営成績の進捗状況を読むポイントは

Answer Point

♧当該四半期の季節要因を念頭に、経営成績の進捗状況を読みます。
♧定性的情報にも注意します。
♧業績予想と比較して、年度末に向かって順調に業績が上がっているかを調べます。

♣ 季節要因と業績推移

　四半期概況には、売上高、営業利益、経常利益、四半期純利益などが記載されています。

　各指標について、当四半期、前年度同一四半期、前年度年次の数値が記載されています。経営成績の進捗状況に関する定性的情報等が記載されることは、Q16で説明したとおりです。

　四半期単位で業績をみるのに、累計値により予想値に対する達成度をみるのと、当該四半期単独の業績や収益性の状況をみるのとの二つの方法があります。

　当四半期における異常や変化の兆候をみることも、重要な調査のポイントになります。

　例えば、これまでは順調に業績が進展してきたものの、下降傾向がみえてきたなどです。

♣ 定性的情報による推察・過去数値との対比・損益計算書の分析必要

　四半期業績概況でわかるのは、売上高などの主な項目の数値の2期間における推移だけです。

　したがって、どうしてこのような推移になったのかを知るには、定性的情報により推察したり、更に遡った過去の数値と対比したり、要約損益計算書を分析することなどが必要です。

　概況調査でも、当四半期の特性を念頭に、業績指標が四半期の特性から著しく離れた動きをしていないかを調べることが大切です。

　また、当四半期は、これまでの四半期の数値の延長線上にあるのですから、同一年度の既経過四半期の状況などとも合わせて検討する必要があり、単独数値だけでなく累計値の分析も大切です。

【図表27　AOKIの経営成績の進捗状況の例】

2．平成19年3月期第1四半期財務・業績の概況（平成18年4月1日～平成18年6月30日）
(1)　経営成績（連結）の進捗状況　　　　　　　　　　　　　　　　　　　　　（百万円未満切捨て）

	売上高		営業利益		経常利益		四半期(当期)純利益	
	百万円	％	百万円	％	百万円	％	百万円	％
19年3月期第1四半期	28,376	3.4	2,936	△11.1	3,274	△6.8	1,690	38.5
18年3月期第1四半期	27,438	10.2	3,302	20.1	3,512	22.3	1,221	△34.0
（参考）18年3月期	106,686	14.9	10,163	45.6	11,110	42.3	5,431	73.7

	1株当たり四半期（当期）純利益	潜在株式調整後1株当たり四半期（当期）純利益
	円　銭	円　銭
19年3月期第1四半期	37.35	37.23
18年3月期第1四半期	26.68	26.48
（参考）18年3月期	116.33	115.73

（注）1．売上高、営業利益等におけるパーセント表示は、対前年同四半期（前期）増減率を表示しております。
　　　2．主にファッション事業において、売上高及び利益に季節的変動があります。

[経営成績（連結）の進捗状況に関する定性的情報等]
　当第1四半期におけるわが国経済は、設備投資や企業収益の改善などにより緩やかな回復基調が続いており、個人消費も概ね堅調に推移いたしました。
　このような状況のなかで、ファッション事業では特に週末の天候不順などから夏物衣料の出遅れが見られましたが、5月下旬から気温の上昇やクールビズの効果、また新ロゴによる「AOKI」への進化のための改装セールを実施したことなどにより客数が増加した、既存店売上高は前年同四半期比 1.7％増加いたしました。新規出店については、AOKIで10店舗、ORIHICAで3店舗とほぼ予定通り進行しております。
　なお、前年同四半期は、連結子会社でありました株式会社トリイが合併前の完全閉店御礼セールにより売上高、営業利益を大幅に伸ばしましたが、当第1四半期では主に連結子会社において新規出店の増加により販売費及び一般管理費等が増加いたしました。
　これらの結果、第1四半期の業績は対前年同四半期比で微増収ながら営業利益、経常利益は減益となりましたが、計画比では売上高はほぼ予定どおり推移しており、営業利益、経常利益及び四半期純利益は、計画をやや上回る状況で推移しております。

♣主要業績及び財務指標の年度別四半期ごと推移の連記表の例

　主要項目の四半期ごと年次ごとの変動推移をみるために、図表28のような推移表をつくると便利です。趨勢や長い期間における異変をみるために、できるだけ長い年度（少なくとも5年間）の推移表にすることが望まれます。

　図表28では、業績指標については、Q7の図表12がそのまま使えますので記載を省略し、財務に関する指標のみの表にしていますが、実際には、30頁の図表12とドッキングして一表にしたほうが便利なことが多いと考えます。

　図表28は、そのままQ23・24での分析にもそのまま使えます。

　図表28には、純資産の欄を設けていますが、純資産は、四半期では四半期純利益以外にはそれ程大きく変動する要素が少ないので、わざわざ項目には加える必要のないことが多いと思われます。

　図表12・28は、実績値のみの推移表になっていますが、Q20の図表31も取り入れて、業績予想との関係がみられるようにするのも一法でしょう。

【図表28　AOKIの四半期ごと年次ごと主要指標の推移表】

	2004年3月期		2005年3月期		2006年3月期		2007年3月期	
		回転期間(月)		回転期間(月)		回転期間(月)		回転期間(月)
売上債権								
第1四半期			4,142	0.50	4,552	0.50	4,701	0.50
第2四半期	1,556		1,317	0.23	1,493	0.22		
第3四半期			3,463	0.39	3,979	0.38		
第4四半期	3,049		2,998	0.36	3,803	0.42		
棚卸資産								
第1四半期			4,088	1.70	13,295	1.45	15,608	1.65
第2四半期	14,333		13,584	2.38	13,118	1.90		
第3四半期			14,976	1.71	15,486	1.48		
第4四半期	13,291		12,880	1.58	14,157	1.57		
仕入債務								
第1四半期			12,970	1.56	12,812	1.40	14,767	1.56
第2四半期	11,671		9,751	1.71	11,487	1.67		
第3四半期			13,383	1.52	15,909	1.52		
第4四半期	12,651		11,410	1.40	13,862	1.54		
3要素総合残高								
第1四半期			5,260	0.63	5,035	0.55	5,542	0.59
第2四半期	4,218		5,150	0.90	3,124	0.45		
第3四半期			5,056	0.58	3,556	0.34		
第4四半期	3,681		4,468	0.55	4,098	0.45		
借入金								
第1四半期			24,500	2.95	23,089	2.52	22,343	2.36
第2四半期	32,240		24,080	4.22	21,462	3.11		
第3四半期			23,996	2.73	25,372	2.42		
第4四半期	30,384		22,688	2.78	22,798	2.53		
純資産								
第1四半期			82,417	9.9	84,442	9.2	89,605	9.5
第2四半期	77,218		81,801	14.3	84,365	12.7		
第3四半期			83,133	9.5	87,674	8.4		
第4四半期	80,666		83,526	10.2	87,145	9.7		
総資産								
第1四半期			137,706	16.5	137,552	15.0	144,365	15.3
第2四半期	137,785		132,448	23.2	134,877	19.6		
第3四半期			138,081	15.7	144,654	13.8		
第4四半期	142,528		135,429	16.5	145,511	16.1		
備考								

3　四半期決算書「四半期財務・業績の概況」の読み解き方は

　左列には金額を、右列には財務比率などを記載することにしていますが、財務比率などには調査目的や、作成者の考えなどにより、科目ごとに重要と考えられる比率などを選びます。

Q19 財政状態の変動状況を読むポイントは

Answer Point

♣ 季節要因の影響によるものを除き、財政状態は大きく変化することが少ないのが普通と思われます。

♣ 季節要因の影響を受ける企業では、総資産の変動により自己資本比率や、有利子負債構成比率まで大きく変動することがあります。

♣ 季節要因による財政状態の変動

　季節変動の影響を受ける企業では、売上の増減による運転資本の増減により、財政状態が大幅に変化することがあります。

　売上高が増える繁忙期には、在庫や売上債権が増加して総資産が膨張します。それに伴って借入金が増えるなどで、有利子負債構成比率は上昇しますが、自己資本比率は分母の総資産の増加により低下する傾向がみられます。

　繁忙期が終わった閑散期には、反対の現象が起こり、総資産が縮小して、自己資本比率が上昇します。繁忙期と閑散期との端境期には違った動きをする可能性があります。

　現金・預金の残高についても、季節ごとに大きな差があることがあります。回収が終わって、手許資金が潤沢な時期と、シーズンがたけなわになって、用意した現金・預金を使い果たした時期とでは、様相が全く違ってきます。

　したがって、季節変動の影響を受ける企業の調査では、業績のみならず、財政状態の変動についても、四半期ごとの標準値を設定し、この標準値と財務の諸数値とを比較するなどの配慮が必要になります。

♣ 科目を追加することも考慮すべき点

　四半期概況の標準様式では、財政状態の科目としては、総資産、純資産とキャッシュフローだけしか記載していません。

　キャッシュフローは別として、財政状態に関する指標としては、他に、売上債権、棚卸資産、借入金などを適宜追加して概況を分析することも必要になります。

　Q18の図表28では、純資産、総資産も記載することにしています。売上債権、棚卸資産や仕入債務、3要素総合残高や借入金の欄を設け、それぞれに

ついては回転期間を計算しています。

【図表29　AOKIの財政状態の変動状況の例】

(2) 財政状態（連結）の変動状況

	総資産	純資産	自己資本比率	1株当たり純資産
	百万円	百万円	％	円　銭
19年3月期第1四半期	144,365	89,605	61.0	1,943.81
18年3月期第1四半期	137,552	84,442	61.4	1,842.28
（参考）18年3月期	145,511	87,145	59.9	1,922.96

【連結キャッシュ・フローの状況】

	営業活動によるキャッシュ・フロー	投資活動によるキャッシュ・フロー	財務活動によるキャッシュ・フロー	現金及び現金同等物期末残高
	百万円	百万円	百万円	百万円
19年3月期第1四半期	△1,889	△3,065	△1,007	18,150
18年3月期第1四半期	2,131	△1,857	155	20,949
（参考）18年3月期	14,236	△9,983	△659	24,113

［財政状態（連結）の変動状況に関する定性的情報等］
①財政状態（連結）の変動状況
　　当第1四半期末の総資産は、前連結会計年度末に比べ11億45百万円減少し1,443億65百万円となりました。この減少の主なものは、新規出店により固定資産やたな卸資産が増加する一方、法人税等の支払いや長期借入金の返済による現金及び預金の減少によるものです。
②連結キャッシュ・フローの状況
　　当第1四半期末の現金及び現金同等物は、前連結会計年度末に比べ59億62百万円減少し、181億50百万円となりました。
　　営業活動によるキャッシュ・フローは、前年同四半期と比べ40億21百万円減少し18億89百万円の支出となりました。この減少の主なものは、法人税等23億56百万円とたな卸資産の増加による支出10億36百万円の増加等によるものです。
　　投資活動によるキャッシュ・フローは、前年同四半期と比べ支出が12億8百万円増加し、30億65百万円の支出となりました。この増加の主なものは、有形固定資産の取得による支出6億67百万円及び保証金・敷金の差し入れによる支出4億2百万円の増加によるものです。
　　財務活動によるキャッシュ・フローは、前年同四半期と比べ支出が11億62百万円増加し、10億7百万円の支出となりました。この支出の増加の主なものは、前年同四半期における長期借入金の減少4億円及び当四半期における長期借入金の返済の増加2億45百万円等によるものです。

　図表29のAOKIの例では、季節変動の影響を受けて、平成18年3月期の各四半期の総資産額は、最小の第2四半期における1,349億円から最大の第3四半期における1,447億円まで、四半期ごとでも残高が相当の幅で変動します。純資産額が第4四半期末の871億円で年度中不変であったとしますと、自己資本比率は第2四半期の64.6％と、第3四半期60.2％の間には、4.4ポイントの差があります。

　平成19年3月期第1四半期末の自己資本比率は62.1％（会社計算では61.0％）ですが、図表29の説明にもあるとおり、この期末には法人税等の支払いや長期借入金の返済により現金及び預金が60億円も減少しています。

　仮に現金及び預金の減少がなかったとして、当第1四半期末の自己資本比率を計算しますと59.6％になり、現金及び預金残高の変動により2.5ポイント低下することになり、偶発的な原因によっても変動しますので注意が必要です。

Q20 業績予想を読むポイントは

Answer Point

♣業績予想は、情勢の変化などによって簡単に狂ってしまいます。
♣下方修正の公表態度により、企業の開示姿勢を評価します。
♣下方修正の原因が一時的なものか、将来に尾を引くものかを調べます。
♣監査人の指摘により、下方修正に追い込まれる例が増えています。

♣業績予想は簡単に狂ってしまう

　業績予想は極めて困難な業務です。予想に必要な情報の入手には限りがありますし、いかに精緻な予想を立てても、環境の変化などで、簡単に予想が狂ってしまいます。

　売上高の予想などでは、企業側で予想することができない得意先の事情などにより、大幅に予想値を修正を余儀なくされることが多いのです。

　しかし、投資家は、企業の業績予想をもとに投資の意思決定をすることが多いので、見直しによる下方修正を発表すると、株価が直ちに下落することがあります。場合によっては、暴落を引き起こすこともあります。

　その結果、企業側は業績予想に慎重になり、四半期概況などにおいて、業績予想を記載しない企業もあります。

　また、企業側は、下方修正の手直しが必要になっても、発表を渋り、ぎりぎりまで発表を遅らせる企業があります。

　遅らせている間に、神風が吹いて業績が回復したり、経営努力により、当初予想の水準まで実績を引き上げられるのならよいのですが、結局のところは、年次決算発表の間際になって修正を発表して、信用を失う例が多いのです。

　あるいは、隠していた含み益を利益化して決算数値の辻褄を合わせるなどの利益平準化の操作をすることもあります。翌期分の売上を先行計上することもあるでしょう。

　このような操作が度重なりますと、利益操作に対する神経が麻痺しますし、含み益を使い果たすと、本物の利益粉飾に追い込まれることになりかねません。

【図表30　AOKIの業績予想の例】

3．平成19年3月期の連結業績予想（平成18年4月1日～平成19年3月31日）

	売上高	経常利益	当期純利益
	百万円	百万円	百万円
中間期	48,630	2,160	850
通期	110,660	10,600	4,850

（参考）1株当たり予想当期純利益（通期）　107円12銭

［業績予想に関する定性的情報等］

　第1四半期の連結業績推移は概ね予定どおり推移しており、業績予想の変更はありませんが、単体において繰延税金資産の取崩しによる税金費用の増加により、中間期及び通期の業績予想を修正いたしました。なお、前回予想との差異等につきましては、本日別途開示いたしました「業績予想（単体）の修正に関するお知らせ」をご参照ください。

（注）業績予想は、今後様々な要因によって異なる結果となる可能性があります。

♣修正発表のタイミングや修正理由などから財務開示の姿勢を評価する

　企業側では、株価下落の心配があっても、見直しによる修正が必要なときは、直ちにその旨を公表して、下方修正が必要になった理由を懇切丁寧に説明することによって、信用低下を最小限に抑える努力をするべきです。

　投資家など四半期概況を読む側では、下方修正の発表などを冷静に受け止め、下方修正が必要になった理由を丹念に読んで、やむをえない修正か、遅滞なく修正発表しているかなどを調べることが大切です。

　今回の下方修正が一時的な原因に基づくものか、あるいは、将来の一層の業績下降につながるものかなどを調べます。

　これらの調査結果により、調査先企業に対する投資方針などを変える必要があるかどうかを検討します。この際、重要なことは、近視眼的に相手先をみるのでなく、下方修正を適時に公開したことを、むしろプラスに評価する態度も必要です。

　下方修正の発表のタイミングや、修正の理由などを調べることにより、企業の開示姿勢などを判断することも大切な手続です。

♣突然の大幅な下方修正発表は要注意

　契約の履行が遅れたといったような言い訳が多すぎるのも要注意です。

　販売先からの大量のキャンセルが相次いだとか、突然、多額の特別損失が発生したなどの理由によるものも注意が必要で、粉飾により大きな損失を隠していることを疑ってみる必要があります。

　これまで、含み損として隠し続けてきものの一部が、資金繰りの都合などから、これ以上隠しきれなくなったなどの背景が考えられるからです。

♣監査人の指摘により下方修正するときは

　最近、監査人の監査態度が厳しくなった結果、含み損などを隠し切れなくなり、倒産に追い込まれた例が増えています。

　このような例では、これまでは監査人側で比較的寛容な態度で監査を行っており、被監査会社の多少のルール違反などには目をつぶってきたのですが、度重なる監査法人の不祥事件や、監査法人と被監査会社との癒着が明るみに出るにつれ、監査人に対する世間の目が厳しくなって、監査態度を厳格に実施せざるを得なくなったケースが多いようです。

　中には、被監査会社で監査人を交代させ、新しい監査人に旧来の処理方法を認めさせることによって下方修正を逃れるケースも出ていますが、監査人を代えたところで、含み損などがなくなるわけではありませんので、将来、含み損の重みに耐えかねて倒産する危険性が大とみる必要があります。

♣過去の開示姿勢やクセから業績予想を読む

　業績予想を読むときは、企業の過去の開示姿勢やクセなどを調べておいて、予想の信頼性判断の参考にするのも大切なことです。

　過去の開示姿勢やクセを読むため、図表31のような連記表を作成するのも一考でしょう。図表31は、Q18の図表28の下側に付け加えて両図表と総合するのもよいでしょう。

【図表31　AOKIの業績予想と実績の四半期ごと対比表】　　　（単位：百万円）

	2005年3月期			2006年3月期		
	予想・見直	実績累計		予想・見直	実績累計	
売上高			達成率			達成率
期初	93,050			98,670		
第1四半期	93,050	24,907	26.8	100,070	27,438	27.4
第2四半期	92,970	42,035	45.2	104,500	48,135	41.3
第3四半期	92,970	68,379	73.5	104,500	79,607	76.2
年度末		92,870	99.9		106,688	102.1
備考 各四半期の実績値を当該四半期までの最終修正予想値で割って達成率を計算している。						
経常利益						
期初	7,550			8,150		
第1四半期	7,550	2,873	38.1	8,950	3,512	39.2
第2四半期	7,650	2,164	28.3	9,850	3,453	35.1
第3四半期	7,650	5,039	65.9	9,850	8,483	86.1
年度末		7,808	102.1		11,110	112.8
備考 各四半期の実績値を当該四半期までの最終修正予想値で割って達成率を計算している。						

AOKIでは、図表31にもみられるように、各四半期において小まめに予想値の修正を加えており、年度末における予想値に対する的中率は極めて高いものになっています。

　季節要因により第2四半期の経常利益がマイナスになっており、達成率は一時後退しますが、第3・第4四半期でキャッチアップして、年度末では経常利益でも達成率は100％を超えています。

　図表31では、予想、実績累計、達成率が記載されることになっていますが、予想は、期初には前年度の決算短信での数値を記載し、その後の四半期には、当該四半期概況か中間決算短信で修正がなされた場合にはその修正値を、修正がない場合には、当初の予想値を記入します。

　期末近くになって修正が必要になった場合には、決算短信で修正するしかありませんが、決算短信には、実績が記載されるだけで、修正などは記載されないのが普通ですので、別途、修正発表の形で公表されます。この場合の修正値は、当然、決算での数値に近いものになると思われますので、図表31の年度末には予想値は記入しなくてもよいと考えます。

　達成率は、各四半期とも期首の予想値によるのと、修正値によるのとの2つの方法があります。

　図表31の例では、備考欄には作表要領しか記載していませんが、各四半期での特徴や、その四半期における異常と思える現象なども記載するのがよいでしょう。

　ほかにも、例えば、2006年3月期第2四半期での売上高の予算達成率が例年よりも異常に低いとしますと、その旨を記載し、その原因がわかれば原因も記載するなどです。修正についての会社側説明の要旨を記載するのもよいでしょう。あるいは、ある四半期の達成状況からみて、修正が必要と推察されるのに、修正が発表されていないなどの記載も将来参考になることがあるでしょう。

　備考欄を効果的に利用できるようにするには、備考欄のスペースを図表31のものよりも広くするなどの工夫も必要でしょう。

　業績はもともと予想が困難なものであるうえに、業績予想は、法令などで記載を強制されるものでなく、投資家のための参考情報として、証券取引所の要請により発表されるものであり、監査法人などの監査対象になっていないことなどについてはQ17で述べたとおりです。その性格やその限界などをよく理解したうえで、業績予想を読むことが肝心です。

Q21 簡便な手続ってなに・読むポイントは

Answer Point

♧四半期概況の「1．四半期財務情報の作成等に係る事項の①会計処理の方法における簡便な方法の採用の有無」とある場合には、その記述を読みます。
♧四半期決算書の科目構成が簡便化されています。

♣簡便な方法の例についてみると

四半期検討委員会の作成手引により、簡便法の採用が認められる主な場合をまとめると、図表32のとおりです。

【図表32　簡便法の採用が認められる主な場合】

項　目	説　明
① 棚卸資産	継続記録により帳簿棚卸が可能であれば、実地棚卸は必要ないとされています。原価差異の調整を簡便な方法によることや、原価差異を売上原価に含めて処理する方法も認められます。 総平均法を採用している場合、前期末適用の評価単価を用いても大きな差異がない限り、簡便的に前期末の評価単価を用いることが認められます。
② 金融商品・外貨建取引会計	「その他の有価証券」のうち、時価評価に時間を要するため、開示の時期がそれによって遅延する恐れがあるものについては、時価評価を省略してもよいとされています。 貸倒引当金の計算に使用する貸倒実績率は、一般債権については、前期決算あるいは直前中間決算において適用した実績率によることが認められます。 外貨建債権・債務の換算については、重要な影響がなければ換算換えを行わないこともできます。
③ 固定資産	期首に存在する償却資産の減価償却については、年間償却予定額の月割額を計上することができます。 期中の取得及び売却に重要性がないと判断される場合には、四半期末現在で保有する固定資産につき、法人税法等が採用している方法に基づく年間償却額の1／4を計上する方法も認められます。 定率法を採用している場合、年間償却予定額を月数で按分して減価償却費を計上する処理が認められます。
④ 引当金	負債性引当金については、中間財務諸表あるいは年度財務諸表の繰入見込額を月割で計上することでよいとされています。 賞与引当金の見積りが困難な場合は、中間財務諸表あるいは年度財務

		諸表の繰入見込額を月割で計上するなど代替的な方法を採用することも認められます。
⑤	税金	四半期損益計算書の税引前当期純利益に、年間予測税率を乗じた税金費用を未払法人税等として四半期財務諸表に計上することでよいとされています。 年間予測税率を、税効果会計における中間財務諸表の簡便法での見積実効税率よりも簡便な方法で算出することも認められています。
⑥	その他	未収収益あるいは未払費用等の経過勘定は、計算期間が概ね同じなどにより計上すべき金額が大きく変動しないものについては、原則として前期財務諸表あるいは直前の中間財務諸表に計上されたものをそのまま次の四半期に繰り越すことでよいとされています。

(連結固有の事項については、Q22参照)。

♣簡便な方法が採用された決算書を読むポイントは

　簡便な方法は、原則として利害関係者の判断を大きく誤らせないと考えられる範囲で採用が認められるものですから、四半期財務情報を読む側にとって大きな支障になるようなことはあまり起こらないと思われます。

　それでも、注記などにより簡便法採用の有無やその内容を読んで、決算書等に与える影響を予測しておくべきです。

　それよりも、四半期決算書で科目が簡略化されていることのほうが問題です。

　Q18の図表28に科目を追加して、総合調査票にした場合、四半期決算書では必要科目の記載が省略されているため、図表28では、中間期と年間だけが記入され、四半期の欄は歯抜け状態になって、四半期ごとの連続した表にはならないなどの支障が起こる可能性があります。

　例えば、営業外費用の支払利息などは、重要性が高い会社が多いと思われますが、四半期では支払利息が単独で記載されないことが多いなどです。

　また、貸借対照表項目として、貸付金の欄を設けていたとしますと、四半期貸借対照表では、短期・長期ともに貸付金はその他として一括計上されているのが普通ですので、この項目は四半期ではブランクにするほかありません。

　また、売上債権の欄を設けていて、売上債権には割引手形や裏書譲渡手形を加える様式になっている場合には、割引手形などは注記に記載されていますが、四半期では、注記の記載は省略されていることが多いので、これらを加算しない金額を記載するしかないことが多いでしょう。

Q22 連結固有の事項ってなに・読むポイントは

Answer Point

♧連結決算書には、連結固有の会計処理によって処理される項目もありますし、連結固有の科目もあります。

♧連結対象子会社の入れ替わりにより連結決算書の内容が前期とは全く違ったものになることがあります。

♣連結固有の事項というのは

連結決算書には、連結固有の科目があります。連結固有の会計処理もありますが、会計処理は決算書にまとめられると、連結固有の処理も、一般の会計処理も決算書上では見分けがつかなくなりますので、ここでは、連結決算書固有の科目について説明します。

連結決算書を完全に読みこなすには、連結決算書固有の科目を理解しなければなりません。

そこで、連結固有の科目の主なものを図表33で簡単に説明します。

【図表33 連結固有の主な科目】

科　目	説　　　明
❶ 貸借対照表　連結貸借対照表だけに現れる科目　① のれん	子会社株式を、子会社の資産と負債の金額から計算される価格以上で購入した場合の、株式の購入金額と子会社の時価による純資産のうち親会社持分との差額であり、通常はプラスになりますが、マイナスのこともあります。プラスの場合は資産の部の無形固定資産に計上されますし、マイナスの場合は負債の部の固定負債に計上されます。 例えば、帳簿価額による資産総額が10,000円、負債総額が6,000円、純資産が4,000円の会社の株式70％を総額4,000円で買ったとします。この会社の資産を時価で評価しますと11,000円であり、時価による純資産額は5,000円であったとします。時価による純資産の70％は3,500円ですが、これを4,000円で買ったのですから、時価による純資産から計算される価額より500円だけ高く買ったことになります。 この500円は営業権に相当するものと考えられますが、連結では、のれんの科目名で資産または負債に計上されます。
② 為替換算調整勘定	外貨取引等会計処理基準によりますと、子会社及び関連会社株式は取得時の為替相場による円換算額を貸借対照表に計上します。 ところが、在外子会社の決算書を連結する場合には、子会社の資産及び負債は取得時または発生時の為替相場で換算されますので、純資産についての換算レートの違いから差異が生じます。

例えば、親会社は在外子会社Ａ社の株式を100％保有しており、その取得金額はＵＳ＄100であるとします。取得時の換算レートは１ドル200円であったとしますと、親会社では子会社株式は円貨では20,000円で評価されています。

2005年12月31日で連結決算書を作成する場合を考えます。

Ａ社の2005年12月末の貸借対照表では、資産総額ＵＳ＄200、負債総額ＵＳ＄100であり、純資産は親会社が株式を取得したときと変わらずＵＳ＄100であったとします。資産・負債の円貨への換算レートは取得時レートにより１ドル100円であったとしますと、円貨換算額は資産が20,000円、負債が10,000円であり、その差額である純資産は10,000円となります。

他方、親会社での子会社株式の円貨評価額は20,000円ですから、10,000円だけ差額がでます。この差額を為替換算調整勘定として純資産の部に計上するのです。現在のほうが円高になっているとしますと、為替換算調整勘定は含み損のポジションになりますので、純資産の部にマイナス勘定として計上されます。

在外子会社を整理した場合には、帳簿価額通りに資産が処分できたとしても親会社には円貨では10,000円しか入ってきませんので、親会社での株式の評価額20,000円のうち10,000円は含み損であることになり、これを純資産の部で控除するのです。

逆に株式取得時の方が円高であった場合には、この調整勘定は純資産の部にプラスで計上されます。

2000年３月期までは、為替換算調整勘定は含み益の場合は負債の部に、含み損の場合には、純資産の部に計上することになっていましたので、含み損の場合には、資産、純資産ともに含み損額だけ水増しになっていました。2000年３月期以前の連結貸借対照表を読む場合には、後の年度と比較するときは、純資産の部に計上されている為替換算調整勘定を総資産と純資産から控除して評価する必要があります。

また、個別貸借対照表には為替換算調整勘定などは計上されませんので、連結で為替換算調整勘定が資産の部のマイナスになっている場合には、個別では同額を純資産額から控除して評価する必要があります。

③ 少数株主持分	子会社の株主のうち連結会社以外の株主のことを少数株主といいます。連結純資産のうち少数株主持分に対応する金額は、少数株主持分として、連結貸借対照表の純資産の部に、株主資本などと区別して計上されます。 連結子会社が債務超過の場合には、少数株主が出資額を超えて損失を負担するとの約束になっていない限り、マイナス部分を少数株主持分から控除することができません。債務超過の連結子会社がある場合には、連結子会社の債務超過分を少数株主持分から控除していないかにも注意する必要があります。
❷ 損益計算書 ① のれん償却費	のれんは、20年以内の適切な年数で規則的に償却する必要があります。 ただ、20年は長すぎることが多いと思われますので、のれんを20年やそれに近い年数で償却することにしている場合には、連結子会社の業種、収益力や同業他社との競争状態などから、年数が長すぎないかを調べる必要があります。

②	持分法による投資利益（損失）	過半数の議決権付株式を保有しているか、実質的に支配権を握っている会社は子会社であり、支配権を握ってはいないものの、議決権付株式を20％以上50％以下保有しているか、出資、人事、資金、技術、取引等の関係を通じて財務及び営業または事業の方針の決定に対して重要な与えることができる会社を関連会社といいます。 子会社は原則としてすべて連結の対象になりますが、関連会社には持分法が適用されます。持分法とは適用関連会社の当期純利益のうち連結会社の持分に相当する金額を連結の営業外収益(費用)に計上して、連結剰余金を増やす方法です。連結会社が純損失の場合は連結の営業外費用に計上して、連結剰余金を減額させます。
③	少数株主利益	連結当期純利益のうち少数株主持分相当額は少数株主利益として連結当期純利益から控除し、純資産の部の少数株主持分を同額だけ増やします。

♣連結固有の簡便な手続

　四半期検討委員会の作成手引による連結固有の簡便な手続の主なものは、図表34のとおりです。

【図表34　連結固有の主な簡便手続】

項　目	説　　明
① 連結会社間取引の消去	前期連結財務諸表あるいは直前中間連結財務諸表の消去実績と大きな変動がないと思われるものについては、前期連結財務諸表あるいは直前中間連結財務諸表の消去実績(損益取引については、月割按分額等)をもって消去することができます。
② 未実現損益の消去	棚卸資産に含まれる未実現損益の消去にあたっては、前事業年度または中間会計年度において使用した損益率を、大きな変化が生じていない限り、そのまま使用する方法も考えられます。
③ 連結子会社等の取得、売却	第1四半期に取得あるいは売却した連結子会社等は、期首に取得あるいは売却したものとして、また第3四半期に取得あるいは売却した連結子会社等は、第3四半期の期首に取得あるいは売却したものとして四半期財務情報を作成することになると考えます。
④ 子会社等の財務情報の精度	子会社や関連会社については、親会社における手続よりも簡便な手続を適用することが認められます。

♣連結固有の事項の読むポイントは

　Ｍ＆Ａが盛んな企業では、四半期ごとでも連結子会社の構成が大きく変わることがあり、四半期決算書も連結子会社構成の変化により変動します。

　構成内容が大幅に変わったときは、その四半期決算書は以前のものとは違ったものになっていて、決算書を比較するのに支障が生じることがあります。

♣楽天では総資産も売上高以上のスピードで増加

図表35は、楽天株式会社の2004年12月期第4四半期から、2005年12月期第4四半期までの5四半期間の売上高、経常利益、当期純利益、純資産、総資産の推移表です。

【図表35　楽天の四半期ごと主要業績財務指標の推移】

	売上高	経常利益	当期純利益	純資産	総資産
2004年12月期 第4四半期	139億円	47億円	21億円	459億円	3,076億円
2005年12月期 第1四半期	155	46	9	462	3,837
第2四半期	203	68	43	535	12,969
第3四半期	452	130	60	597	13,489
第4四半期	487	113	83	766	16,577

楽天では、2005年12月期第2四半期の売上高は第1四半期の155億円から31％増えて203億円になっていますし、第3四半期には売上高は第2四半期よりも2.2倍増えて、452億円になっています。総資産も売上高以上のスピードで増加しており、第2四半期には、第1四半期の3,837億円の3.4倍の12,969億円に膨れ上がっています。

これは主に、2005年6月にクレジット業の国内信販株式会社の株式55.52％を取得して、連結に組み入れたことによるものです。2005年12月期の第2四半期と第3四半期の売上高を単純に比較しても意味がないし、第1四半期と第2四半期の総資産を比較しても全く意味がありません。

♣売上高は1四半期遅れて第3四半期に急増していることに注目

図表35で、総資産は2005年12月期の第2四半期に急増しているのに、売上高のほうは1四半期遅れて、第3四半期に急増していることに注目してください。これは国内信販の株式取得は6月であったために、国内信販の貸借対照表は、第2四半期末（2005年6月末）の連結貸借対照表には組み込まれているのに、損益計算書は、中間期の連結損益計算書には組み込まれず、第3四半期になってはじめて連結の対象になったことによるものです。

連結では、新規連結子会社の貸借対照表は、その期の連結には組み込まれますが、損益計算書やキャッシュフロー計算書は、株式を購入して支配権を獲得した時点以降の期間のみが連結されます。国内信販は6月に株式を購入していますので、連結固有の簡便法の適用により、7月から連結しています。

したがって、6月の第2四半期（中間期）には、貸借対照表はすべて連結されていますが、損益計算書は全く連結されていないのです。

つまり、国内信販のケースでは、損益計算書は貸借対照表よりまるまる1四半期遅れて連結されることになりますので、第2四半期の売上高と総資産を比べて回転期間などを計算しても無意味な数値になります。

国内信販の加入によって、第2四半期には売上債権が著しく増えていますので、第2四半期の売上高で、売上債権回転期間を計算しますと異常な数値になります。

♣ **M＆Aが盛んな会社では損益計算書は貸借対照表より1四半期後にずれる**

以上のことから、M＆Aが盛んな企業では、連結対象子会社の構成の入れ替わりにより、期間ごとの比較が困難になる可能性があること、貸借対照表と損益計算書とでは期間のずれが発生する可能性があり、損益計算書は貸借対照表よりも最長で一四半期後にずれる可能性のあることに注意が必要です。

新しく連結対象になった子会社の連結が、貸借対照表に比べ損益計算書のほうが丸々1四半期遅れる例としては、前掲の楽天における国内信販の例がありますが、楽天では2003年12月期末と翌2004年12月期第1四半期の間でも同様の現象が起きています。

楽天では、2003年12月期に楽天ブックス㈱、ディーエルジェイダイレクト・エスエフジー証券㈱を連結子会社に加えています。両社ともに支配獲得日を2003年12月31日とみなして連結財務諸表を作成していますので、両社の貸借対照表は2003年12月末の連結貸借対照表には連結されていますが、損益計算書の連結は2004年12月期第1四半期からとなっていて、貸借対照表に比べ損益計算書の連結が1四半期遅れています。

同様の現象が、貸借対照表とキャッシュフロー計算書との間においても生じます。楽天ブックスとディーエルジェイダイレクト・エスエフジー証券のキャッシュフロー計算書の連結は、損益計算書と同様に貸借対照表より1四半期遅れて、2004年12月期第1四半期からとなりますし、国内信販のキャッシュフロー計算書の連結も、1四半期遅れて2005年12月期第3四半期からとなります（Q35参照）。

また、年次決算書しか入手できない場合には、上記の連結のずれは最大で1年間に及びますし、中間決算書が入手できる場合でも最大で6か月間に及ぶものが、四半期では最大でも3か月のずれですむことになります。

これでも、四半期情報が入手できるメリットです。

Q23　四半期(連結)貸借対照表を読むポイントは

Answer Point

♧ 季節変動の影響に注意します。
♧ 特に、流動性勘定の変動の分析に注力し、固定資産などの調査は年次分析に任せてよいことが多いでしょう。

♣ 季節変動の影響に注意

　季節変動の激しい企業では、財政状態も季節変動の影響を受けます。特に、運転資本は季節変動により変動し、それに伴い現金・預金残高や借入金残高も変動します（Q19参照）。
　季節変動の激しい企業の貸借対照表を読むには、あらかじめ季節変動による資産・負債の変動幅を予想し、各四半期末の資産・負債残高、財務比率や回転期間などの理論モデルを設定しておくと便利です。
　各四半期の実績とモデルを比べて異常がないかどうかを調べるのです。

♣ 流動性勘定の異常発見が容易になる

　売上債権、棚卸資産など流動資産の主な勘定は、通常の企業では、3か月前後か、それ以下の月数で1回転しますので、四半期の売上高に近い金額か、それ以下の残高になります。これら資産が不良資産の発生や粉飾による水増しなどによって膨れ上がったときは、その残高が四半期売上高を大きく上回ることが多いので、異常の発見が比較的簡単なことが多いのです。

♣ 異常かどうかを直ちに判断できないときは

　異常が発見されても、異常かどうかを直ちに判断できないことが多いのですが、その場合には、判定を次の四半期にまで持ち越して、次の四半期での当該項目の変動状況から、異常であったかどうかを判断することになります。
　例えば、売上債権回転期間が大幅に増加した場合、不良債権発生などの異常な原因によるもののほかに、たまたま期末近くに売上が集中したとか、回収期間の長い得意先への売上高が多かったなどの原因によることもあります。
　このようなケースについては、次の四半期において同じ調査を行いますと、売上債権の回収期間は通常の企業では3か月前後ですので、たまたまの原因

で回収が遅れている場合には、次の四半期までには回収が終わっていて、回転期間は正常値に戻っているのが普通です。

　遅くとも翌々四半期末には、正常値になっていなければなりません。異常の場合には、売上債権残高の水膨れ分を別の勘定に移さない限り、いつまでたっても異常は解消されませんので、異常か否かの判定が比較的簡単にできる可能性があります。

♣短期貸付金・預り金・前払費用などの雑勘定の急増に注意

　短期貸付金や預り金など普段はそれほど大きな残高にならない勘定の残高が突然計上されたり、急増したときは、何か異常が起こっていることを疑って念入りに分析します。年度末には正常値に戻っている場合でも、他の勘定に振り替えられていないかなどに注意します。

♣固定資産の読むポイントは

　固定資産は、四半期単位ではそれほど大きく動かないことが多いと思われます。たまたま、大型投資を行ったなどで、有形固定資産などが大幅に増えたため、総資産が大幅に膨れ上がったり、借入金が急増することもあります。

　固定資産の変動については、投資計画などとの長期経営計画との関連で検討する必要がありますので、四半期分析では、増減の事実だけを把握しておいて、詳細の分析は年次分析などに先送りするのがよいと思います。

　ただ、固定資産でも、投資その他の資産の変動には、四半期でも慎重な分析が必要です。

　貸借対照表で売上債権回転期間が伸びたり、長期貸付金などが増えるのは、関連会社や取引先の資金繰りが悪化したのを、売上債権の回収を待ってやったり、貸付金を融資することなどで支援している場合に起こることが多いのです。

　関連会社や取引先の業績悪化が続くと、資金支援を更に続けざるをえない羽目になって、最終的には多額の不良債権を抱え込む恐れがあります。この種の調査では、保障残高の増減にも注意する必要があります（Q36参照）。

　破産債権・更生債権などが増えたときは、これに見合う貸倒引当金が計上されているかに注意します。

♣四半期連結貸借対照表分析の例をみると

　四半期連結貸借対照表分析の例を楽天の2005年12月期第1四半期末及び第2四半期末要約貸借対照表及び増減表でみると、図表36のとおりです。

【図表36　楽天の四半期末要約貸借対照表及び増減表】　　　　　（単位：百万円）

	第1四半期末	第2四半期末	増減高
流動資産	340,964	1,180,486	839,522
現金預金	21,158	72,303	51,145
売上債権	6,837	7,746	909
割賦売掛金		148,630	148,630
信用保証割賦売掛金		405,089	405,089
営業貸付金	32,864	164,429	131,565
その他	280,791	411,753	130,962
貸倒引当金	－688	－29,469	－28,781
固定資産	42,730	116,437	73,707
資産合計	383,695	1,296,924	913,229
流動負債	319,925	1,059,652	739,727
買掛金	779	7,264	6,485
信用保証買掛金		405,089	405,089
短期借入金	55,273	326,452	271,179
その他	263,870	320,842	56,972
固定負債	17,116	177,624	160,508
純資産	46,652	59,646	12,994
負債純資産合計	383,695	1,296,924	913,229

　図表36は、楽天の2005年12月期第1及び第2四半期末の要約貸借対照表を列記して、両四半期間の増減高を最右列に記載したものです。第2四半期中に資産が9,132億円も増えていますが、割賦売掛金、信用保証割賦売掛金、営業貸付金だけで、増加高は6,852億円になります。この3項目の増加は、Q22で説明した国内信販の資産が加わったことによるものと推察されます。

　負債も、流動負債が7,397億円と固定負債が1,605億円の合計9,002億円も増えていますが、これらの大部分は国内信販の負債が加わったことによるものと推察され、国内信販では使用資金の大部分を自己調達していて、同社の連結は、楽天には大きな資金負担にはなっていないことが推察されます。

　資産増加に伴うリスクの増加は大部分親会社の負担になる可能性があり、資産増加に伴うリスク増に見合うだけの利益が今後計上できるかどうかが、国内信販を子会社にした成果を測定するためのポイントになります。

　第2四半期には、短期借入金が2,712億円増えていますし、固定負債の増加高1,605億円の大部分も長期借入金の増加によるものであり、これら借入金増の大部分は国内信販が持ち込んだものと推察されますが、四半期では固定負債の明細が示されていませんので、正確な借入金の合計額はわかりません。

　これも、前述の四半期情報の簡略化による弊害の一つに数えられます。

3　四半期決算書「四半期財務・業績の概況」の読み解き方は

Q24 四半期(連結)損益計算書を読むポイントは

Answer Point

♣ 季節変動の影響に注意します。
♣ 単独値により当四半期の収益の実態を調べ、累計値により予算達成状況などをみます。
♣ 前年同期と比べ、上昇傾向にあるか否か、などを調べます。

♣ **季節変動の影響に注意**

季節変動の影響を受ける会社では、季節変動の影響による四半期ごとの売上高や損益の変動パターンをあらかじめ想定しておいて、当該四半期の変動が、上記のパターンとは違った動きをしていないかを調べ、パターンと大きくかけ離れているときには、収益構造に変化が起こっているのか、たまたまの現象なのかなどを調べます。

この種の検討には、四半期概況の定性的情報が役立つことが多いでしょう。期首における業績予想の諸数値から、主要損益項目について季節変動を考慮にいれた四半期ごとの金額や利益率などを予想しておいて、四半期ごとの予想値と実績を比べる方法も効果的と思われます。

♣ **累計値と単独値の両方の分析が必要**

季節変動の影響をみるには、単独値と累計値の両方の分析が必要です。

単独値については、過去の同一四半期と比較して、当四半期における収益状況や傾向を調べます。

累計値については、過年度の業績と比較することにより趨勢などが読み取れますし、当四半期における予算達成度などもわかります。

Q7の図表12による過年度の数値との比較も上記の調査に役立ちます。更に、Q8の図表16・17のような四半期ごとの変動グラフを作表するのも効果的なことが多いと考えます。

♣ **年度によって季節変動の様相は違い影響度にも違いがある**

季節変動には、その年度は猛暑であったとか、遅くまで残暑が続いたとかいった年度ごとの違いがありますので、季節変動の四半期業績に与える影響

も年度によって違いがあります。また、景気変動や新製品の出現などの経済現象によっても、四半期業績のパターンが違ってくる可能性があります。

　季節変動の様相に大きな変化がなくても、その年度の事情により年度ごとに、売上高などがかなりの振幅でばらつくことがあります。

　繁忙期には売上高が大幅に増えますし、それに伴い売上債権残高なども多額に上りますので、このうちの一部が次の四半期にずれ込んだだけで、その影響は大きいものになる可能性があります。

　特に、繁忙期に続く四半期には、売上高が激減するような場合には、次の四半期での売上高が、前四半期などに比べて大幅に増えることになります。

♣繁忙期と閑散期の移り目の四半期にばらつきがあるときは

　繁忙期と閑散期の移り目の四半期では、ばらつきが特に大きくなる可能性がありますので、注意が必要です。

　例えば、繁忙期の第1四半期の売上高が300万円で、売上債権残高が200万円（回転期間2か月）であったとします。次の第2四半期には閑散期に入り、売上高は100万円に減少し、売上債権残高は66.7万円（回転期間2か月）であったとし、これらの数値は例年のパターンとも一致しているとします。

　第1四半期の売上高のうち30万円が相手先の検収の遅れなどで、次の第2四半期にずれ込んだとしますと、それぞれの四半期の売上高は第1が270万円、第2が130万円になり、第1四半期の減少率は10％に過ぎませんが、第2四半期の増加率は30％になります。

　また、売上債権残高は第1四半期末には170万円になり、第1四半期の売上高270万円で割って計算した売上債権回転期間は、

$$（170 ÷ 270）× 3か月 = 1.89か月$$

となって、回転期間は例年に比べ、0.11か月低下します。

　なお、四半期情報による回転期間の計算法については、Q29をご参照ください。

　他方、第2四半期末の売上債権残高は第1四半期からずれ込んだ売上高に見合う分がこの期に回収されていれば、100万円ですので、回転期間は

$$（66.7 ÷ 130）× 3か月 = 1.54か月$$

になりますし、売上が1か月ずれ込んだことにより、この分の売上債権は第2四半期末でも未回収であったとしますと、回転期間は

$$(96.7 \div 130) \times 3\text{か月} = 2.23\text{か月}$$

となり、各四半期の売上債権回転期間は大きくばらつくことになります。

過去の変動実績を62頁の図表28などにより調べ、ばらつきの振幅も予想しておいて、パターンからの逸脱がばらつきの範囲に収まっているかを調べ、ばらつきの範囲を超えている場合には、次の四半期に持ち越して、次の四半期の実績と合わせて検討します。

♣四半期損益計算書分析の例をみると

図表37は、Ｑ２の図表３で取り上げたAOKIの2006年３月期の各四半期の累計型及び単独型連結損益計算書に多少手を加えて再掲載したものです。

【図表37　AOKIの2006年３月期四半期ごと連結損益計算書の累計型と単独型】

① 累計型

(単位：百万円)

	第１四半期	中間期	第３四半期	年間
Ⅰ 売上高	27,438	48,135	79,607	106,686
Ⅱ 売上原価	14,706	26,701	43,117	57,745
売上総利益	12,731	21,433	36,490	48,941
Ⅲ 販売費及び一般管理費	9,429	18,411	28,731	38,777
営業利益	3,302	3,022	7,757	10,163
Ⅳ 営業外収益	717	1,457	2,254	3,002
Ⅴ 営業外費用	508	1,026	1,528	2,055
経常利益	3,512	3,453	8,483	11,110

② 単独型

	第１四半期	第２四半期	第３四半期	第４四半期
Ⅰ 売上高	27,438	20,697	31,472	27,079
Ⅱ 売上原価	14,706	11,995	16,416	14,628
売上総利益	12,731	8,702	15,057	12,451
（売上総利益率）	（46.4％）	（42.0％）	（47.9％）	（46.0％）
Ⅲ 販売費及び一般管理費	9,429	8,982	10,320	10,046
営業利益	3,302	－280	4,735	2,406
Ⅳ 営業外収益	717	740	797	748
Ⅴ 営業外費用	508	518	502	527
経常利益	3,512	－59	5,030	2,627

♣累計型四半期連結損益計算書でわかることは

まず累計型連結四半期損益計算書により、売上高及び経常利益の推移を業

績予想値と比較してみましょう。同社では、中間期と通期についての予想値を発表していますので、中間期の予想（図表38）と、通期の予想（図表39）のそれぞれについて検討をします。

【図表38　中間期予想】

	当初予想	1四半期修正	実績値
売上高	44,620	46,620	48,135
経常利益	1,470	2,270	3,453

　前年度決算短信における予想値（当初予想）を次年度の第1四半期に上方修正していますが、中間期の実績はその修正値をも更に大幅に上回っています。

【図表39　通期予想】

	当初予想	1四半期修正	中間期修正	3四半期修正	実績値
売上高	98,670	100,670	104,450	104,450	106,686
経常利益	8,150	8,950	9,850	9,850	11,110

　通期予想についても当初予想を第1四半期及び中間期で上方修正していますし、実績値は最終の上方修正値を更に上回っています。第3四半期には、修正は行っていませんが、会社側の説明によりますと「特にファッション事業の3月の業績が通期業績全体に与える影響が大きいため、当第3四半期末において業績予想の修正は行っておりません」とのことで、本来なら第3四半期末においても上方修正が必要であったことが推察されます。

　以上から同社では、期初において慎重に業績予想を行い、その後も常時見直しを行っていることがわかります。修正が常に上方修正になるのは、同社では常に控え目な予想を行っているためか、業況が順調なために見直すごとに予想がよくなるのかのどちらかですが、過年度での予想と実績との比較などにより、どちらに当たるかを推定し、将来の業績予想の分析に役立てます。

　いずれにしても、この年度においては、業績は順調に上伸していることが推察されます。

♣単独型四半期連結損益計算書からわかることは

　AOKIでは、第2四半期（7月～9月）の売上高が最低ですが、次の第3四半期（10月～12月）には売上高は四半期中最大となります。第4四半期（1月～3月）及び第1四半期（4月～6月）は、年平均値より多少大目の

売上高となっています。

　同社の主力商品である紳士服は、冬場には単価も高い防寒着が加わりますので、夏場よりも冬場のほうが売上高が多いパターンの企業であることが推察できます。更に、冬物でも寒くなる前の12月頃までに購入をすませる購入者の多いことが予想され、12月は賞与月なので売上が増えるのが普通ですので、第3四半期が売上高のピークになるのは当然の流れとして容易に理解できます。

　第4四半期には新入学や新入社のための購入が増えます。前掲の第3四半期における会社側の説明にありますように、ファッション事業の3月の業績が通期業績全体に与える影響が大きいなどの事情があって、そこそこの売上高になることが予想されます。

　第1四半期は夏物の購入期にあたりますので、第3四半期ほどではないものの、売上高の小さなピーク時期になることが予想されます。各シーズンの谷間に当たる第2四半期には売上高が低迷するなどの事情を考えますと、同社の2006年3月期各四半期の売上高の推移は正常であり、累計値の推移と合わせ評価しますと、業績は順調に伸びていることが推察されます。

　売上高の増減に合わせて売上総利益も増減していますが、固定費の影響により、売上高の多い第3四半期の売上総利益率が高まり、反対に売上高の少ない第2四半期には低下しますので、売上総利益は売上高の増減に輪を掛けた状態で増減しています。

　販売費及び一般管理費は、四半期ごとに多少の波がありますが、傾向としては増加を続けています。2007年3月期の第1四半期には、2006年3月期第1四半期よりも8.9％増の10,271百万円となっていることなどから、業容の拡大にともない営業費用などの増加の続いていることが推察されます。

　これらを総合した経常利益は、売上高が最大でかつ売上総利益率の高い第3四半期が最高であり、売上高が最低で、売上総利益率の低い第2四半期には経常利益がマイナスになっています。

　2006年3月期各四半期における売上高、売上総利益率、販売費及び販売管理費の推移などは、業種や商品などから推定されるパターンと比べて矛盾がなく、全体として、業績が順調に伸びていることが推察できます。

　業績評価のためには、更に過年度の実績の推移などと比べて、四半期ごとのパターンに変化がないか、年度ごとの増減などを調べる必要がありますが、年度ごとの時系列分析については、主にQ43以下で取り上げる予定です。

Q25 四半期(連結)キャッシュフロー計算書を読むポイントは

Answer Point

♧営業キャッシュフローは、企業評価や業績評価に有用とされています。

♧営業キャッシュフローは、業績とは無関係な要因によっても変動します。

♧四半期ごとの変動パターンと比べて、運転資本を構成する要素についての異常を探知できる可能性があります。

♣キャッシュフロー計算書の構造は

　キャッシュフロー（正式にはキャッシュ・フローといいますが、本書ではキャッシュフローといいます）計算書は、一定期間における資金の収入高と支出高及びその収支差額（一定期間中の資金の増減高を意味します）を計算し、図表40の計算式のとおり、資金の期首残高に資金収支の差額を加減して、期末の資金残高を計算する計算書です。

【図表40　キャッシュフローの計算式】

```
　　　期 首 資 金 残 高
　±　期 中 資 金 増 減 高
　　　期 末 資 金 残 高
```

　キャッシュフローは、資金の収入及び支出の流れを意味しますが、収支差額（収支尻）をもキャッシュフローということがありますので、どちらを指すのかは文脈により判断する必要があります。

　資金については、現行のキャッシュフロー計算書制度では、現金及び現金同等物を資金と定義しています。現金には、普通預金や当座預金などの要求払預金を含みます。

　また、現金同等物とは、容易に換金可能であり、かつ、価値の変動について僅少なリスクしか負わない短期投資と定義されており、取得日から3か月以内に満期日または償還日が到来する短期的な投資が一般的な例とされています。

　キャッシュフロー計算書は、営業活動によるキャッシュフロー（以下、営業キャッシュフローといいます）、投資活動によるキャッシュフロー（以下、投資キャッシュフローといいます）、財務活動によるキャッシュフロー（以

下、財務キャッシュフローといいます）に3区分されています。
　営業キャッシュフロー区分には、商品・役務の販売による収入、商品・役務の購入による支出等、営業損益計算の対象となった取引のほか、投資活動及び財務活動以外の取引によるキャッシュフローを記載します。
　投資キャッシュフロー区分には、固定資産の取得及び売却、現金同等物に含まれない短期投資の取得及び売却等によるキャッシュフローを記載します。
　財務キャッシュフロー区分には、株式の発行による収入、自己株式の取得による支出、社債の発行・償還及び借入・返済による収入・支出等、資金の調達及び返済によるキャッシュフローを記載します。

♣ 営業キャッシュフローは企業評価・業績評価に有用

　営業キャッシュフローは、原則として営業活動により獲得した（あるいは流出した）資金であり、企業の唯一の恒常的な資金を生み出す源泉です。遊休資産を売却して投資キャッシュフローで資金を稼いだり、借入金により財務キャッシュフローで資金を調達することもできますが、売却できる遊休資産がいつまでもあるわけではなく、借入金は無限に借増しをすることができないし、期日には返済を要する一時的な調達手段に過ぎません。
　恒常的に資金を創出できるのは、営業キャッシュフローだけであり、この区分のキャッシュフローがマイナス続きだと、やがては資金繰りが破綻して倒産に至ります。営業キャッシュフローが基調としてプラスであれば、企業では資金が自分の力で増殖されます。
　ただ、企業が経営を続けるためには、設備などに最低限の投資を続ける必要があります。したがって厳密には、営業キャッシュフローから、経営継続に必要な最低限の投資に対する支出を行った後に残ったキャッシュフローが、企業が増殖した資金であるということができます。
　営業キャッシュフローから経営継続に必要な最低限の投資支出を控除したキャッシュフローを「フリーキャッシュフロー」と呼びます。
　フリーキャッシュフローこそが企業が増殖した資金の純額であり、これを配当に回してもよいし、将来の企業拡大のため、追加投資に投下することもできます。
　フリーキャッシュフローこそが企業価値を生み出すものであり、これが基調としてマイナスなら企業は衰退に向かうし、プラスなら配当により株主に満足を与えることができるし、積極的に投資ができますので、企業は成長を続けて企業価値が高まります。

このことから、営業キャッシュフローやフリーキャッシュフローは企業価値測定の指標に利用されますし、業績評価には、企業会計による損益よりも有用であるとされています。

♣ キャッシュフローが重視されるわけは

キャッシュフローが重視されるのは、企業会計による会計処理には企業の判断に任されている部分が多いため、損益計算書による業績などには、作成者の恣意が入り込んでいる可能性が高く、信用度が低いのに対して、キャッシュフローでは、資金の収支という事実関係により処理されますので、信頼性が高いとの考えによります。

♣ 営業キャッシュフローは業績とは無関係な要因によっても変動

営業キャッシュフローやフリーキャッシュフローは、業績評価に有用とされていますが、営業キャッシュフローは、業績とは無関係な要因により変動することがあります。

それは、運転資本の変動による営業キャッシュフローの変動です。売上高が増えると、売上債権や棚卸資産が増えます。同時に仕入債務も増えますが、通常の業種の企業では、売上債権や棚卸資産の増加のほうが多いので、売上増に伴い運転資本は増加します。

運転資本の増加は、キャッシュフローでは資金の運用額が増えることを意味しますので、運転資本の増加により営業キャッシュフローは悪化することになります。

売上債権や棚卸資産の増加が、売上増に伴う当然の増加であるときは、売上増が企業経営にとって好ましいものであるのが普通ですので、運転資本の増加によるキャッシュフローの悪化を、業績のマイナス要因として評価するのは不合理です。

売上増による運転資本の増加は、一時的なもので、売上高の減少期には、逆に運転資本が減少し、営業キャッシュフローは良化します。

つまり、売上増に伴う運転資本の増加によるキャッシュフローの悪化は、一時、資金を運転資本に預けるのと同じで、事業を廃止したり、売上高が減少したときは預け金を取り崩して回収できる性質のものです。

また、売上債権や棚卸資産は、業績とは無関係の、その時々の偶発的な事情によって大きく変動することがあります。

例えば、期末近くに大口の販売があったため、仕入が間に合わず、在庫が

大幅に減少したとしますと、棚卸資産の減少は、キャッシュフローの良化を意味しますので、その期の営業キャッシュフローは良化しますが、次の期には在庫が減った分だけ補充買いをするとしますと、翌期の営業キャッシュフローは悪化します。

このような期末のたまたまの事情によるキャッシュフローへの影響を業績評価に関係させるのは合理的ではありません。

♣業績評価に営業キャッシュフローを利用するときは
　筆者は、営業キャッシュフローを
(1)　運転資本要素（運転資本の増減による収支）
(2)　利益要素（運転資本要素の増減による収支以外の収支）
に細分することにしていて、業績評価はまず利益要素により評価をします。

運転資本の変動の中には、不良債権の発生による売上債権の増加や、不良在庫の発生による棚卸資産の増加など、業績評価に取り入れなければならない変動もあります。

本来は、不良債権や不良在庫は発生時に損失処理をする必要があり、運転資本の増加にはならないのが原則ですが、粉飾により含み損として隠した場合には、運転資本が膨らんで運転資本要素を悪化させる要因になります。

そこで、業績評価に営業キャッシュフローを利用する場合には、運転資本要素のうち、不良資産の発生など、業績評価に関係するものを取り出して、利益要素を修正する必要があります。

つまり、第1段階として、利益要素で業績評価を行い、第2段階として運転資本要素の中身を分析して、業績評価に関係させるべきものをとりだし、これにより利益要素を修正する2段階評価を行うのです。

♣間接法の様式の見方を理解していればキャッシュフロー分析に支障ない
　キャッシュフロー計算書の様式には、直接法、間接法の2種類の様式があります。

直接法の様式では、収入から支出を控除して、各キャッシュフローを計算する仕組みになっています。収入や支出は総額で表示することになっていて、収支差額だけを記載することは認められません。

これに対して、間接法では、営業キャッシュフロー区分に限り、税引前当期純利益から出発し、これに必要な修正を加えて、キャッシュフローに転換する方法を認めています。

2種類の様式があるのですが、実際には間接法の様式を採用する企業が大部分であり、間接法の様式の見方を理解していれば、キャッシュフロー分析には支障がありません。

♣運転資本要素の分析も極めて重要な意味をもつ

運転資本要素は、通常では業績評価に関係のないものですので、業績評価には、むしろ撹乱要因になることが多いのですが、運転資本要素の分析は、別の面できわめて重要な意味をもっています。

営業キャッシュフローの2段階分析により、運転資本要素の中の不良資産発生などの不良要因を抽出することが、重要な意味をもつのです。

運転資本要素の収支状況から、営業資金の調達と運用のバランスの乱れにより営業活動における異常を察知することができる可能性もあります。

この調査には、運転資本要素の四半期ごとのパターン分析が効果的です。

♣支払先行型か回収先行型かの違いは

運転資本は、売上高の変動により変動します。この変動には、二つのタイプのものがあります。

通常の企業では、売上債権や棚卸資産など営業資産の合計が、仕入債務などの営業債務よりも多いのが普通であり、商品などの販売代金を回収する前に、商品等のコストを支払うことになります。

筆者は、この型の企業を支払先行型企業と呼んでいます。支払先行型企業では売上増に伴い運転資本が増加して、営業キャッシュフローを悪化させる傾向があります。

これに対して、スーパーマーケットのように店頭での現金引換販売が中心の業種では、売上債権はほとんど発生しませんし、棚卸資産もかんばん方式に近い仕入をすることによって、残高を抑えることができます。他方、仕入代金は通常の商慣習に従って信用取引により、一定期間の支払猶予が認められますので、通常では商品仕入代金の支払前に販売代金の回収ができます。

このようなタイプの企業を筆者は回収先行型企業と呼んでいます。回収先行型企業では、売上が増えれば増えるほど、先行回収高が増えて、営業キャッシュフローは良化します。

♣支払先行型か回収先行型かにより運転資本要素のパターンが決まる

売上高の増減により、支払先行型か、回収先行型かの違いにより、運転資

本要素のパターンが決まります。

　支払先行型企業では、売上の増加期には、正常状態では運転資本要素がマイナスになり、売上の減少期には正常状態では運転資本要素はプラスになります。このような売上高の増減による運転資本要素の変動パターンを実際の運転資本要素の変動と比較して、パターンとは違った動きをした場合には、運転資本要素に異常が発生した可能性があるとして、より詳細な調査を行います。

♣四半期キャッシュフロー分析でわかることは

　本格的な事例分析は第5章で行うこととして、ここではAOKIの例により、四半期キャッシュフローについてのごく大まかで輪郭を探る程度の分析を行います。

　図表41は、2006年3月期各四半期の営業キャッシュフロー及び投資キャッシュフロー区分の単独値の要約表であり、最下行にフリーキャッシュフロー（FCF）を記載してあります。フリーキャッシュフローは営業キャッシュフローと投資キャッシュフローを単純に合計したものであり、必ずしも厳格な計算によるものではありません。

　しかし、投資キャッシュフローのマイナスの大部分は、有形固定資産取得のための支出によるものですので、投資キャッシュフローのマイナスを、経営継続のための必要投資支出であるとみなしても、実際のフリーキャッシュフローの数値と大きく違うことはないと考えられます。

　営業キャッシュフロー区分を利益要素と運転資本要素に2分割しているのが、図表41の特殊な点です。

　最上段に売上高と経常利益を記載していますが、これらは単に参考のための数値であり、キャッシュフロー計算書とは関係のない数値です。また、第1四半期の前期比増減をみるため、前年度第4四半期の売上高も記載してあります。

　経常利益と営業キャッシュフローの利益要素とは共通点が多く、経常利益は税引前のものであるのに対して、利益要素は税引後のものである点、経常利益からは減価償却費が控除されていますが、利益要素には減価償却費が足し戻されている点が両者の基本的な違いです。

　同社の場合、2006年3月期の累計減価償却費が3,689百万円であるのに対して、法人税等の支払額が2,704百万円ですので、非資金取引などの調整要素がなかったとしますと、利益要素のほうが経常利益より多少多くなるのが理論的であり、図表41でもおおよそそのとおりになっています。

　同社は回収先行型の企業ですので、売上高が増えると運転資本要素がプラ

【図表41　AOKIの2006年3月期四半期ごと単独型キャッシュフロー計算書】（単位：百万円）

	前年4四半期	1四半期	2四半期	3四半期	4四半期	通期
売上高	24,491	27,438	20,697	31,472	27,079	106,686
経常利益		3,512	−59	5,030	2,627	11,110
営業CF		2,131	2,191	4,932	4,982	14,236
利益要素		2,651	439	5,758	3,649	12,497
運転資本要素		−520	1,752	−826	1,333	1,739
投資CF		−1,857	−4,443	−2,600	−1,083	−9,983
FCF		274	−2,252	2,332	3,899	4,253

スになり、売上高が減少すると運転資本要素がマイナスになるパターンの企業です。

　売上高が増えた四半期は第1四半期と第3四半期であり、第1四半期には運転資本要素はプラスになっていますが、第3四半期にはマイナスになっていて、パターンとは違った動きをしています。第3四半期にパターンから乖離したのは、主に、この期に在庫が大幅に増えたことと、その他の資産が増えたことによります。

　第4四半期は売上高が減少しているのに、運転資本要素がプラスになっているのは、第3四半期に増えた在庫とその他資産が減少したためであり、第3四半期に何らかの事情で増加した在庫とその他の資産が第4四半期には元の正常状態に戻ったものと推察されます。

　つまり、第3と第4四半期を総合してみますと、運転資本要素の動きは正常であり、パターンからの乖離は第3四半期末における偶発的現象によるものであることが推定できます。

　2006年3月期年間の累計値をみても、運転資本要素は1,739百万円のプラスであり、年間でみても、売上高は前年度に比べて増加していますので、運転資本要素の動きは全体として正常であったと推定できます。

　フリーキャッシュフローは、第2四半期に2,252百万円のマイナスになっていますが、通期では、4,253百万円のプラスになっています。また、通期の投資キャッシュフローは9,983百万円のマイナスになっており、これは年間原価償却額の2.7倍にあたりますので、必要な設備投資などは実施していることが推察されます。

　以上を総合しますと、キャッシュフローからみても、2006年3月期の業績は順調に推移しているし、運転資本にも特に異常な動きのないこと、増殖した営業キャッシュフローから設備投資などにも応分の支出を行っていることが推察されます。

３　四半期決算書「四半期財務・業績の概況」の読み解き方は

Q26 セグメント情報を読むポイントは

Answer Point

♧四半期単位で事業構成などがどのように変化しているか、どのような方向に向おうとしているかを知るには、セグメント情報が役立ちます。
♧M＆Aが盛んで急速に業績が伸びている会社では、セグメント情報も四半期単位で分析する必要があります。

♣四半期単位で企業の事業の構造変化を読む

　セグメント情報は、企業の事業ごとの売上構成などがバランスよく構成されているかをみるのに便利な情報ですが、事業構成がどのような方向に進んでいるかを迅速に知るには、四半期単位のセグメント情報が役に立ちます。

　M＆Aが盛んで急速に業績が伸びている会社の業績の推移を調べるには、四半期情報による必要があり、セグメント情報も四半期単位で分析することが望まれます。

　ここでは、M＆Aが盛んで急速に業績が伸びている会社として、楽天株式会社を選び、セグメント情報の分析を試みます。

　図表42は、楽天の2002年12月期から2005年12月期までの、連結売上高、経常利益、当期純利益の推移表です。各項目の下にカッコ内の数値は、個別の金額です。また、各年度末における連結子会社数を最下行に記載してあります。

【図表42　楽天の主要連結業績の推移】　　　　　　　　　　（単位：百万円）

	2002／12	2003／12	2004／12	2005／12
売上高	9,895 (7,351)	18,083 (12,656)	45,567 (21,283)	129,775 (33,636)
経常利益	2,242 (2,315)	4,439 (3,983)	15,474 (7,993)	35,826 (14,590)
当期純利益	−3,277 (−537)	−52,644 (−7,387)	−14,271 (2,783)	19,449 (6,937)
連結子会社数	17社	19社	20社	33社

♣ 業績の大部分は新しく連結に組み込んだ子会社のものと読む

　楽天では、売上高と経常利益は、2004年12月期と、2005年12月期の両年には、年間3倍前後のスピードで伸び続けていますが、カッコ内の個別の数値と比べてみて、このような伸びは、主に連結子会社の増加によるものであることが推察できます。

　主に連結子会社の増加により増加したものなら、前年度とは損益構造が大きく変わっていて、単純には前年度と比較することができません。本年度の業績の大部分は、新しく連結に組み込んだ子会社のもので、前年度の連結会社の数値はわずかしか含まれていません。

　このような会社の業績状況を評価するには、単に金額の増減をみるのではなく、事業の内容や質がどのように変わったか、会社が目指している事業構成や収益構造に向かって進んでいるか、などをみる必要があります。

　このような目的にセグメント情報の利用が効果的であり、それも四半期単独の数値での分析が特に効果を発揮します。

♣ 金融業に偏った収益構造

　図表43は、楽天のセグメント別の売上高と、営業利益の最近4期間の推移を示したものです。内部取引などの控除前の金額ですので、合計は損益計算書の金額とは一致しません。

　2003年2月期までは、EC事業に偏っていた事業構成が証券、トラベル、スポーツに事業の多角化が図られています。2005年12月期では、EC、クレジットペイメント、ポータルメディア、証券、旅行スポーツの5事業にバランスよく分布しています。

　ただ、売上高では、クレジット事業のシェアが35.5％に達してトップの座を占めましたし、営業利益では、証券事業が35.7％でトップになっています。

　この両者を金融事業として統一しますと、金融事業のシェアは売上高で55.4％、営業利益で53.4％であり、急激に金融事業に傾斜して行ったことがわかります。

　EC事業は、売上高の増加が続いていますが、シェアでは、2005年12月期には大きく低下しています。

　特に、資産額では金融事業は、86.3％の高率になっています。2005年12月期には、図表43の資産総額が前年度に比べ5.2倍も膨らんでいるのですが、その大部分がクレジット事業と証券事業の金融事業に対するものであることがわかります。

【図表43　楽天のセグメント別業績推移表】　　　　　　　　　　　（単位：百万円）

	EC	クレジット	ポータル	証券	旅行スポーツ	合計
売上高						
2002/12	7,351 (70.4%)		3,092 (29.6%)			10,443
2003/12	11,825 (61.2%)		4,985 (25.8%)		2,514 (13.0%)	19,325
2004/12	21,443 (46.1%)	776 (1.7%)	5,728 (12.3%)	13,143 (28.3%)	5,424 (11.7%)	46,516
2005/12	35,060 (26.4%)	47,139 (35.5%)	9,438 (7.1%)	26,502 (19.9%)	14,758 (11.1%)	132,894
営業利益						
2002/12	2,355 (92.4%)		195 (7.6%)			2,550
2003/12	4,049 (85.5%)		479 (10.1%)		207 (4.4%)	4,736
2004/12	7,256 (48.3%)		1,088 (7.2%)	4,661 (31.0%)	2,023 (13.5%)	15,030
2005/12	11,673 (32.5%)	6,332 (17.7%)	1,929 (5.4%)	12,798 (35.7%)	3,138 (8.7%)	35,872
資産						
2002/12	11,922 (59.2%)		8,212 (40.8%)			20,135
2003/12	33,698 (18.1%)		2,157 (1.2%)	146,954 (78.7%)	3,835 (2.1%)	186,645
2004/12	50,192 (16.2%)	30,512 (9.8%)	2,508 (0.8%)	218,629 (70.6%)	7,978 (2.6%)	309,821
2005/12	203,205 (12.6%)	805,515 (49.8%)	4,317 (0.3%)	591,360 (36.5%)	14,233 (0.9%)	1,618,633

　資産額はリスクの大きさも表しますので、今後は資産額に見合った利益を上げているかにも注目する必要があります。

♣ **急成長の四半期ごとセグメント別の売上高・営業利益の推移を読むと**

　楽天のような年間３倍ものスピードで成長している企業では、同じ年度でも、第１四半期と第４四半期とでは、売上高などが大幅に違う可能性がありますので、特に成長の急速であった2004年12月期と2005年12月期について、

四半期ごとセグメント別の売上高、営業利益の推移を図表44で示しました。
　年単位では、2004年12月期は売上高・営業利益ともに、第1四前年度に比べ大幅に増加していますが、2004年12月期内では第1四半期から第4四半期の間に、売上高、営業利益ともに約1.4倍に増えただけです。
　2005年12月期では、売上高、営業利益ともに第3四半期に大きく伸びています。
　このように期間の経過に伴ってなだらかに増加するのでなく、ある四半期に急上昇するのは、M＆Aが盛んな企業の特徴であり、これは、新しく連結された子会社の業績が、この四半期から連結業績に加わったことによるものと推察されます。
　2004年12月期第1四半期には、前年度末に連結子会社となったディーエルジェイディレクト・エスエフジー証券の業績が加わっていますし、2005年12月期第3四半期には、第2四半期末に連結子会社になった国内信販の業績が加わっていますので、これら四半期における業績の急上昇は主に、この2社の参加によることが推察されます。

♣ 国内信販の連結組入れ時の資産総額の組入れに注目
　問題は、国内信販が加わったクレジット事業では、営業利益が2005年12月期第3四半期をピークにして、第4四半期には半分以下の2,047百万円に、2006年12月期第1四半期には、そのわずか8分の1の256百万円にまで低下しているし、次の第2四半期には赤字に転落していることです。
　このような業績の低下は、連結組み入れた後の調整による一時的なものなのか、あるいは、子会社化が見込み違いであったのかのいずれであるかはわかりませんが、国内信販の連結組入時の資産総額が8,791億円と膨大であることから、その影響が大きいので、今後の推移に注意する必要があります。
　クレジット事業のみならず、ポータル・メディア事業での売上高が2006年12月期第1四半期をピークにして第2四半期には減少に転じています。
　営業利益は、売上高よりも2四半期間早く、2005年12月期第3四半期をピークにして、同年第4四半期以降は減少に転じ、2006年12月期第2四半期には赤字に転落しています。
　年次決算書だけをみていたのでは、2006年12月期の決算短信が入手できる2007年4月にならないと（中間決算書による場合でも、2006年8月になるまで）、上記のようなクレジット事業の異変はわかりませんが、四半期情報が入手できますと、2005年12月期末か、2006年12月期第1四半期には異変が察

【図表44　楽天の四半期ごとセグメント別業績推移表】　　　　（単位：百万円）

	EC	クレジット	ポータル	証　券	旅行スポーツ	合　計
売上高						
2004/12						
Ⅰ	4,384		1,335	3,093	1,215	10,027
Ⅱ	4,921		1,319	3,529	1,278	11,055
Ⅲ	5,317		1,489	3,045	1,498	11,351
Ⅳ	6,812	776	1,583	3,475	1,429	14,081
2005/12						
Ⅰ	6,900	831	1,703	4,748	1,717	15,901
Ⅱ	7,807	1,007	2,158	5,033	4,964	20,971
Ⅲ	8,183	23,458	2,687	6,896	4,809	46,036
Ⅳ	12,169	21,843	2,888	9,824	3,258	49,985
2006/12						
Ⅰ	12,722	22,552	3,255	11,946	3,028	53,505
Ⅱ	13,774	20,852	3,184	11,867	5,261	54,938
営業利益						
2004/12						
Ⅰ	1366		322	1,214	481	3,385
Ⅱ	1,552		168	1,507	492	3,721
Ⅲ	1,564		240	865	590	3,261
Ⅳ	2,634		357	1,074	542	4,607
2005/12						
Ⅰ	2,356	−71	369	2,120	−210	4,565
Ⅱ	2,493	−219	540	1,909	1,583	6,303
Ⅲ	2,452	4,575	777	3,211	1,583	12,600
Ⅳ	4,115	2,047	498	5,556	182	12,398
2006/12						
Ⅰ	4,541	256	435	6,219	−51	11,402
Ⅱ	3,419	−558	−153	4,679	1,230	8,617

知できます。

♣ 四半期ごと業績推移による評価も必要

　楽天では、2006年12月期中間期までは、前年同四半期比でも、年間比較でも、売上高、営業利益ともに増加を続けていて、成長が続いているようにみえます。

　しかし、楽天のように業績に季節性が少なく、四半期ごとに規模や業績が上昇している企業では、前年同四半期との比較よりも、むしろ、各四半期を1事業年度とみなして、四半期ごとの業績推移により業績評価を行うことも

必要です。クレジット事業やポータル・メディア事業ではすでに下降傾向が始まっているのですが、全体としても、2006年12月第4四半期以降、売上高の伸び率が鈍っていますし、営業利益は減少に転じている点を問題にする必要があります。

　また、Q22の図表35でみたとおり、楽天では、M＆Aなどにより、2005年12月期の第1四半期と第2四半期の間に総資産が3.4倍に増えていますし、2004年12月期から2005年12月期末までの1年間に総資産の5.4倍も増えています。純資産についても、2004年12月期末から2005年12月期末までの1年間に1.7倍に増えています。

　このように、急速に企業規模の拡大が続いている企業では、前四半期に比べて売上高や営業利益が単に増加しているというだけでは不十分であって、規模の拡大に見合って業績も上伸していなければなりません。企業規模が全く違う両期間の売上高や営業利益を単純に比較するのは無意味なのです。

　このような観点からは、楽天の売上高が2005年12月期第4期以降伸び率が鈍っていることや、営業利益が減少に転じているのは、同社の業績が曲がり角に差し掛かっていることを物語っている可能性があります。

　企業規模が大きくなっても、それが業績に直ちに反映されるのでなく、ある程度のタイムラグを伴うのが普通です。楽天の業績が2005年12月期の第4四半期辺りから停滞ないしは下降傾向にあるのは、これまでにおける急激な成長に対する調整のための中休み期にあたるためかもしれませんし、タイムラグによる停滞であり、すぐに成長に転じるものである可能性もありますので、ここしばらくの業績の推移を観測し続ける必要があります。

　2006年8月19日付日本経済新聞によりますと、楽天では楽天ＫＣ（旧国内信販が商号を変更したもの）が運営する自動車ローンなどを11月にオリエントコーポレーションに譲渡することを発表したとのことです。この譲渡により、楽天は総額で約5,000億円の債権を削減できますので、6月末で1兆5千億円弱あった連結総資産は1兆1千億円強に減る見込みとのことです。

　ただし、譲渡によって、2006年12月期には200億円程度の特別損失を計上する可能性があるとのことです。自動車ローン事業を切り離せば、楽天KCの事業は順調に利益を稼ぐのでないと、楽天KCの取得は楽天にとって、失敗であったことになります。週刊誌の報道によると、楽天KCのクレジット資産の内容は相当に悪いというのが金融関係者の一致した見方とのことです。

　自動車ローン部門の譲渡により、クレジット事業が今後どのような推移をたどるかに注目する必要があります。

Q27 四半期決算書分析って必要なのはなぜ

Answer Point

♣ 四半期情報は、季節変動の影響を受ける企業の財務分析には有用な情報ですが、それを生かすには財務分析の手続が必要です。

♣ 簡略化が図られているため、一部情報が不足することがありますが、他の情報で補うなどして、一定水準の分析を行う努力が必要です。

♣ 四半期開示制度は、これからの新しい制度です。分析結果を基準作成機関や会社側にぶつけて立派な制度に仕上げる必要があります。

♣ 四半期情報は、作成者側に多大の手間とコストをかけるものですので、利用者側でも十分な分析を行うのが作成者の労力に報いる道です。

♣ 四半期決算書を読みこなすにはそれなりの工夫が必要

　四半期開示制度は、情報の早期入手に役立つだけでなく、季節変動などの影響を受ける企業について、季節に見合った情報により財務分析ができるメリットもあります。粉飾などの異常の発見にも有用です。

　ただ、四半期決算書の数値を眺めるだけでは大した効果が期待できないのは、年次決算書分析の場合と同じで、四半期情報を読みこなすためには十分な分析手続を実施する必要があります。

　そのためには、財務分析の知識をマスターし、分析の手法を習得することが必要なのも、年次決算書分析の場合と同じです。更に、四半期情報の特色などを理解して、四半期決算書の分析に有効な分析手法を編み出すなどの工夫が必要です。

　また、四半期決算書は、作成者の過重な負担を避けるため、簡略化が図られていますので、必要な情報が得られないことなどが起こります。この場合でも、他の情報で補充したり、定性的情報を活用するなどして、一定水準の分析を実施する必要があります。

　四半期情報を効果的に活用するには、業績や財務について四半期を通じて連続的に観察する必要があります。連続的に観察する場合には、四半期においても必要最低限の分析を実施して、1年を通して大きな断絶がないようにする必要があります。

♣四半期開示制度はこれからの制度

　本格的な四半期開示制度が始まったのは、つい最近のことであり、それも法令などの規定により強制されるのでなく、正規の会計基準も監査基準もいまだ制定されていません。

　四半期分析のための新しい手法なども開発されているわけでなく、分析者自身が工夫をして分析法を開発していかなければならないこれからの分析分野でもあります。

　新しい分析法を確立させるためにも、十分な分析を行い、試行錯誤により、四半期分析に適合した新しい分析法の開発に努めることが求められます。

♣四半期情報開示は2008年4月1日以降開始事業年度から法的に義務づけ

　前述のとおり、2008年4月1日以降に開始される事業年度からは、金融商品取引法により四半期情報開示が法的にも義務づけられます。

　それに伴い、四半期決算書に関する会計基準や監査制度の整備が図られ、制度の水準は一気に向上することが期待されます。制度ができた後でも、常時制度の見直しを行い、改善を図る必要があります。

　制度の改善には、利用者の協力も必要であって、学者さんやお役人さんにだけ任せるべきではありません。利用者が、公開された四半期決算書に各方面から分析を加えて制度の欠陥や改善点を見い出し、分析結果を基準作成機関や作成者の会社にぶつける必要があります。

　これによって、四半期開示の制度は利用者の要求をいれた方向での改善がなされ、更に完全な制度に育て上げることができます。

　作成者の企業でも、利用者が真剣に四半期決算書を読んでいることを知ると、作成にも張り合いが出ますし、疑問点や欠点を作成者側にぶつけることにより、作成者側でも工夫をこらして、改善努力をすることになります。

　いい加減なごまかしでは通用しないことがわかると、より真剣に立派な開示をするよう努力をするようになります。

　そのためには、利用者側で四半期情報を十分な分析を行って、情報を読みこなす努力が必要です。

♣四半期決算書などの作成には大変な手間がかかっている

　作成する企業では、これまでの中間及び年次の決算書のほかに、第1・第3四半期の決算書の作成作業が追加されるのですから、手間や費用が増加します。利用者側で、工夫を凝らして情報を読みつくす努力をするのが、作成者の手間と努力に報いる道でもあります。

Q28 四半期決算書分析ってどうやればいい

Answer Point

♣財務分析の一般的な理論や基本的な分析手法に従って分析を進めます。
♣四半期分析には、四半期特有の事項がありますが、それぞれの事項にあわせた手法などを工夫して、分析を進めます。
♣業界のことや会社のことを知ることも大切なことです。
♣過去の実績や同業他社の数値にも注意する必要があります。
♣常識を働かせて、常識的な判断をすることも大切です。

♣四半期分析にも主に一般的な分析手法が利用される

　四半期情報には、四半期特有のものがありますので、特別な分析手法を開発することも要求されますが、一般的な財務分析の理論や分析手法を活用して、年次分析と同じ要領で分析を行うことが中心になります。

　すなわち、収益性の状況をみるためには、各種の利益率を計算し、過去からの業績推移をみて、当社の収益力の根源はどこにあり、その特徴はどのようなものか、どのような方向に向かっているかなどを調べる必要があります。

　財務安全性をみるためには、資本構成を調べ、資金繰り事情を知るためには、通常の流動性の分析や、金融機関からの調達状況を調べる必要があるなどです。

　したがって、分析者としては経営分析の基礎的な知識を習得し、できるだけ多く分析実務を体験して、財務分析についてのノウハウを身につけることが肝心です。分析手続の主なポイント等をまとめると、図表45のとおりです。

♣四半期分析の特徴というのは

　四半期情報の生命線は、情報が新しいことにあります。したがって、四半期情報は、公開後、できるだけ早く入手して、手早く分析を済ませることが肝心です。

　それでないと、すぐ次の四半期情報が公開されますし、せっかくの適時開示の制度の意味が薄れます。

　そのためには、継続的調査先については、Q18の図表28のような様式を用

意しておき、手際よく分析を終わらせることも大切なことです。

次の四半期決算書が3か月後に入手できますので、すぐに結論をだすことが求められている場合を除いて、結論を出すのを急ぐことなく、次の四半期情報が公開されるのを待って、確認するなどの余裕をもつことも必要です。

♣ 季節変動の影響に即した分析を行う

四半期情報を入手することの利点は、迅速に適時情報が入手できることのほかに、季節変動の影響を受ける企業については、季節変動に合わせた業績や財務情報が得られることです。

したがって、四半期情報の分析では、常に季節変動の影響などを念頭において分析を進めることが必要です。

また、短期間の情報では、異常が目立つことが多いので、異常発見が容易になる点も四半期情報を入手できるメリットの一つですが、異常を察知するためには、どのような状態が異常で、どのような状態が正常なのかを判断する必要があります。

異常か正常かは企業ごとに違いがあって、一般的には異常とみられるものも、ある企業では異常でないこともあります。

したがって、過去の実績や同業他社の数値と比較するなどして、正常と異常を区別する目安のようなものを定めておくことが望まれます。

また、日頃から異常に敏感に反応する訓練を怠らないのも大切なことです。

♣ 業界や会社のことを事前に研究する

季節変動によるパターンを調べるには、業界の特徴や慣習、市場の動向、調査先会社の主業務、取扱製商品、取引の形態、得意先の状態などを事前に調べておくことが必要です。事前調査も四半期分析の重要な手続の一つです。

会社の過去の業績や財務の推移などを事前に調べておくことが大切です。過去の実績に対する十分な知識があってはじめて、当四半期の動きが正常かどうかがわかりますし、異常を察知することができるのです。

特に、季節変動などの影響を受ける場合には、過去における四半期ごとの動きを研究しておく必要があります。

♣ 常識を働かせること

財務分析では、計数面だけから結論を出すのが困難であるのが普通です。計数的には異常と思えても、特殊な要因で異常な姿になっていることもあり、

直ちに異常と断定できることがむしろまれなことが多いのです。

ただ、常識的に考えておかしいことは、本当に異常であることが多く、最終的な判断は常識にゆだねざるを得ないことが多いのです。

常識を生かすには、業界のこと、調査先会社のこと、取引の形態や業界の慣習などについて、普段から知識を広める努力をすることも分析者には大切なことです。

【図表45 四半期財務情報分析の主な手続・注意点】

分析の種類	該当企業	調査項目	主な分析手続・注意点
① 趨勢分析	季節変動が激しい企業	売上高、各種利益	○同一四半期の年次ごと推移の比較 ○季節変動によるパターンから乖離していないか ○季節変動を繰り返しながら、年次ごとに上昇傾向にあるかどうか ○同業他社の諸指標の動きにも注意
	季節変動が少ない企業	同上	○各四半期を1事業年度とみなし、四半期ごとの増減推移をみる ○傾向として上昇基調にあるかどうか
② 収益性分析	全企業	同上、諸経費	○売上高・総資産利益率による評価 ○売上高増減の利益率への影響に留意 ○四半期ごと取扱製商品の違いなどに留意 ○経費の四半期ごとの変動パターンに注意 ○利益率などに変化があった場合には、過年度の実態調査などにより、偶発的なものか、将来に尾を引くものかを推理する
③ 安全性分析	全企業	現金預金残高、純資産、借入金、総資産等	○自己資本比率が大きく変動していないか ○借入金依存度が大きく変動していないか ○流動比率が大きく低下していないか ○上記諸比率の分析には、季節変動による総資産増減の影響に留意 ○手形割引が大きく増えていないか
④ 効率性（粉飾性）分析	全企業	総資産、売上債権、棚卸資産、仕入債務、その他	○総資産回転期間が大きく変動していないか ○売上債権、棚卸資産などが大きく変動していないか、増加傾向が続いていないか ○3要素総合残高が大きく変動していないか、増加が続いていないか ○運転資本要素の動きに異変がないか、マイナスが続いていないか ○上記各種増減調査においては回転期間の利用が薦められる ○回転期間分析においては、売上高の極端な増減による影響に配慮する ○翌四半期以降の追跡調査が重要 ○何事であれ異常な変動に注意

Q29 回転期間でわかることは

Answer Point

♣ 不良資産の発生を探知するには、回転期間による調査が最適です。
♣ 四半期分析では、流動性勘定の分析に回転期間が特に威力を発揮します。
♣ 四半期分析に適した回転期間計算法を考案する必要があります。

♣ 不良資産の発生の探知には回転期間による調査が効果的

通常回転期間は、例えば、売上債権については図表46の計算式で計算されます。

【図表46 売上債権回転期間の計算式】

> 売上債権回転期間 ＝（売上債権残高 ÷ 年次売上高）× 12か月

図表46の計算式では、月単位の回転期間が計算できますし、365日を掛けますと日単位の回転期間が計算できます。

売上債権以外の項目の回転期間計算法も同じであり、図表46の計算式の分子に、対象となる資産や負債残高をあてはめればよいのです。

毎月同じような得意先に、特定の製商品を販売する一般の企業では、得意先ごとの売上高が月ごとに変動したり、回収条件が得意先ごとに違うことがあっても、全体としては、毎月の売上債権回転期間はそれほど大きく変動しないのが普通です。

たまたま回転期間が伸びることがあっても、翌月には正常に戻っているのが普通だし、遅くとも翌々月には正常に戻っています。

不良資産が発生しますと、図表46の計算式の分母の売上高が増えないのに分子の資産だけが増えますので、回転期間は上昇します。発生した不良資産の金額が大きいと回転期間の上昇度が高まります。

したがって、まとまった金額の不良債権が発生した場合や、小さな金額でも多発した場合には、回転期間が異常に増加しますし、翌月や翌々月にも正常値に戻ることがありませんので、回転期間により不良債権の発生などが容易に探知できることが多いのです。

棚卸資産に多額の不良在庫や滞留在庫が発生した場合には、棚卸資産回転

期間に同様のことが起こります。あるいは、子会社などの業績が悪化して資金不足が生じたため、親会社からの融資金が増えた場合にも、子会社に対する債権の回転期間が上昇しますので、回転期間分析で子会社の業績悪化なども察知できることが多いのです。

♣ 四半期分析では回転期間分析が特に効果的

　回転期間分析が威力を発揮するのは、分子の科目の残高と分母の売上高に密接な相関関係がある場合です。その意味では、売上債権は、回転期間分析が最も効果的な科目です。売上債権残高は、その期の売上高とは密接な相関関係があるからです。

　売上債権残高は、図表47で示したとおり、主に期末から数か月間遡った月々の売上高の未回収残高から構成されています。したがって、期末から数か月間の売上高とは密接な相関関係がありますが、それ以前の売上高とは相関関係がないのです。

　例えば、年度の後半期には目だって売上高が減少した場合のことを考えますと、売上債権の残高は売上高が減少した後半期の売上高の未回収残ですから、減少した後半期の売上高を反映した残高になっています。

　年次売上高には前半期の高い水準の売上高も含まれていますので、全体としては高水準の数値となり、これら両者の数値で計算した回転期間は、実際より低く計算されます。

【図表47　売上高と売上債権期末残高との関係】

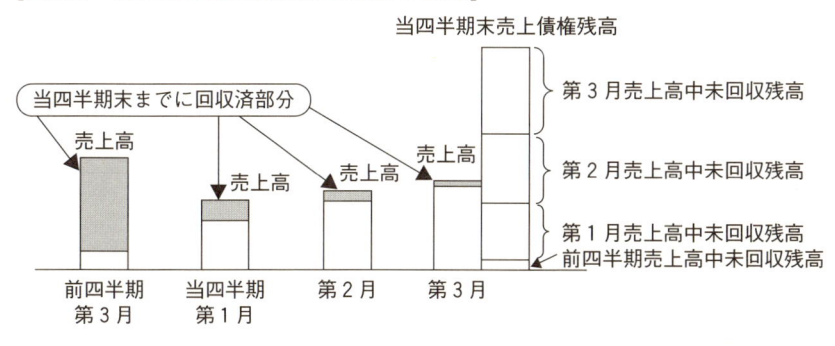

　会計期間が短くなるほど、売上高と売上債権残高との相関関係が高まり、四半期の３か月程度が売上債権回転期間の計算に最適の期間であることが多いと思われます。

　売上債権は、通常の業種では３か月前後の期間で回収されますので、各四

半期末の売上債権残高は、当該四半期の売上高とはもっとも高い相関関係をもっていると考えられるからです。

すべての得意先から売上の3か月後に売上代金を回収する場合には、四半期売上高と売上債権残高とは完全に一致しますので、両者の相関関係は100％です。

四半期情報で売上債権回転期間を計算するには、Ｑ7で紹介したとおり、四半期末の売上債権残高を当該四半期売上高で割って計算する図表48の計算式によるべきです。

【図表48　四半期売上債権回転期間の計算式】

> 四半期売上債権回転期間 ＝（四半期末売上債権残高 ÷ 四半期売上高）× 3か月

3か月を掛けるのは、四半期売上高は3か月間の売上高だからで、図表48の計算式で計算される回転期間は当然に月単位のものになります。

売上債権回転期間は、売上代金の平均回収期間に近い数値になりますので、他の科目に比べ、特に利用価値が高いのです。

売上債権ほどではないにしても、棚卸資産や仕入債務なども売上高と相関関係が高く、回転期間分析が効果的な科目です。

仕入債務は、売上高よりも仕入高のほうが相関関係が高いので、回転期間は仕入高で割って計算するほうが正確ですし、仕入代金の平均支払期間を示しますので、このほうが利用価値が高いのです。

しかし、次のQ30で説明しますとおり、すべての科目の計算で、分母を売上高に揃えておくと、例えば3要素総合残高回転期間の場合、3要素個々の回転期間の合計額として四則演算が適用できますので、便利なこともあります。

上記以外の流動資産・負債でも、売上高と比較しての相対的な大小をみる指標として利用されますし、効率性をみる指標として有効です。

固定資産のように固定性の高い科目については、四半期売上高ではなく、年次売上高により計算するべきです。

♣回転期間からわかることは

売上債権回転期間からは、売上代金の平均回収期間の概数がわかります。

仕入高で割って計算した仕入債務回転期間からは、仕入代金の平均的支払期間がわかります。

仕入高や製造原価で割って計算した棚卸資産回転期間からは、取得してから、製造に投入されたり、販売されるまでの間の平均滞留期間がわかります。

仕入高でなくても、売上高による回転期間でも、売上高と仕入高の間には高い相関関係がありますので、同じような効果が得られるのです。

この場合には、売上高による回転期間は、実際の支払期間や滞留期間よりも短く計算されることを念頭において分析をすればよいのです。

いずれの場合でも、資産の回転期間が急増したり増加を続けているときは、何か異常が発生していることを疑って更に詳細な分析をするのです。

複数の資産を水増しする方法で粉飾をしたときは、総資産が膨らみますので、総資産回転期間も粉飾発見には効果的であり、粉飾でなくても、この回転期間が延びるのは全体として資産の効率性が低下していることを示しますので、経営に対する赤信号として注意する必要があります。

♣仮想例による各種回転期間計算でわかることは

仮想例による各種回転期間計算の例で、説明しましょう。

図表49は仮想例により回転期間の計算を示したもので、各四半期の売上高で割って計算した売上債権、棚卸資産、仕入債務回転期間の計算例です。

【図表49　売上高による回転期間計算表】 (単位：万円)

	前年度末	1四半期	2四半期	3四半期	4四半期
四半期単独売上高		1,529	1,770	1,658	1,891
四半期単独売上原価		1,220	1,380	1,310	1,438
売上債権期末残高	1,550	1,500	1,571	1,558	1,766
売上債権回転期間		2.94月	2.66月	2.82月	2.80月
棚卸資産期末残高	681	716	590	708	684
棚卸資産回転期間		1.40月	1.00月	1.28月	1.09月
仕入債務期末残高	1,035	920	969	1,010	1,070
仕入債務回転期間		1.81月	1.64月	1.83月	1.70月

仕入債務回転期間を仕入高で割って計算する場合には、仕入高を推定する必要がありますが、仕入高は「仕入高＝売上原価＋棚卸資産増加高」の計算により推定できます。推定仕入高により仕入債務回転期間を計算すると図表50のとおりとなります。

【図表50　仕入高による仕入債務回転期間計算表】 (単位：万円)

	1四半期	2四半期	3四半期	4四半期
四半期単独仕入高	1,255	1,254	1,428	1,414
仕入債務期末残高	920	969	1,010	1,070
仕入債務回転期間	2.20月	2.32月	2.12月	2.27月

Q30　3要素総合残高によりわかることは

Answer Point

♣ 売上債権、棚卸資産、仕入債務を3要素と名づけ、「売上債権残高 ＋ 棚卸資産残高 － 仕入債務残高」を、3要素総合残高と呼びます。

♣ 3要素は運転資本の中心的な科目であり、3要素総合残高の動きで営業取引での資金運用状態がわかりますし、不良資産発生などの探知ができます。

♣ 回転期間分析にもよくなじみます。

♣ 3要素というのは

　売上債権、棚卸資産、仕入債務の3科目を、筆者は3要素と呼んでいます。そして、図表51により計算される残高を3要素総合残高と呼んでいます。

【図表51　3要素総合残高の計算式】

売上債権残高 ＋ 棚卸資産残高 － 仕入債務残高 ＝ 3要素総合残高

　3要素は、販売取引により発生する資産、負債であり、この変動は、販売取引を資金面から観察するのに役立ちます。

　販売取引では、売上債権と棚卸資産に資金を投入していますが、その資金の一部または全部を仕入債務で調達しています。

　この関係を図で示したのが図表52であり、3要素総合残高は、販売取引における使用資金の純残高であり、販売取引にいくら資金を投入しているかがわかります。

　図表52では3要素総合残高が右側に来ていますが、左側にくることもあり、この場合は、販売取引で資金を純調達していることになります。

【図表52　3要素総合残高の構造図】

売上債権残高	仕入債務残高	
棚卸資産残高	3要素総合残高	販売取引における使用資金純残高

♣ 3要素総合残高でわかることは

　3要素をそれぞれに観察しますと、売上債権や棚卸資産は水増しなどの粉飾に利用されやすい科目です。また、不良化しても表に出さず、健全資産を装って含み損を隠す粉飾にも利用されます。

　いずれの場合でも、資産が正常値よりも膨れ上がることになります。

　仕入債務も粉飾に利用されやすい科目ですが、仕入債務の場合は、残高を実際よりも少なく表示する（一部隠蔽）ことによって粉飾が行われます。

　粉飾などが、3要素に分散して行われた場合には、売上債権と棚卸資産は増加しますし、仕入債務は減少します。

　図表51の3要素総合残高の計算式では、仕入債務残高がマイナスされますので、3要素ともすべてプラスになり、プラスの大きな数値になります。要素ごとに個々にみるよりも粉飾などの異常が目立ちますので、発見が容易になります。

　3要素を総合することのメリットに、売上債権の正常な増加は仕入債務の増加や、棚卸資産の減少により相殺されて、それほど目立たなくなることがあります。

　売上高が増加すると、売上債権が増えますが、同時に仕入債務も増えるのが普通です。在庫を吐き出して売上高の増加に対処する場合には、売上債権が増えますが、棚卸資産が減少します。

　このように、売上増により売上債権が増えるのは正常な資産の増加ですが、正常な増加の場合に、3要素総合残高をとると、売上債権の増加は一部仕入債務の増加か、棚卸資産の減少と相殺されて、3要素総合残高はそれほど増加しませんし、回収先行型の企業では、むしろ減少します。

　異常な原因による場合には、3要素総合残高が大きく増加し、正常な原因による場合には目だって増えないのですから、粉飾等の異常発見には、3要素総合残高の大幅増加だけに注意していればよいことになります。

♣ 3要素総合残高回転期間でわかることは

　3要素総合残高回転期間は、資産水増しや仕入債務隠蔽あるいは不良資産の発生を隠して健全資産を装う粉飾の場合には、回転期間が大幅に上昇しますが、売上増などの正常な原因による場合には、それほど大幅に上昇することがありませんので見分けが容易になります。

　また、この回転期間の上昇は、営業に投入した資金運用に異変が起きていることのほかに、効率性の悪化をも示すものです。

Q31 時系列分析法でわかることは

Answer Point

♧ 時系列分析は、財務分析の基本です
♧ 業績については、良化の方向に向かっているか、悪化に向かっているかがわかります。
♧ 収益構造の変化がわかります。

♣ **時系列分析は財務分析の基本的分析法の一つ**

財務分析では、図表53のとおり、現状分析とならんで、時系列分析と、外部環境分析があります。

【図表53　企業分析の3本柱】

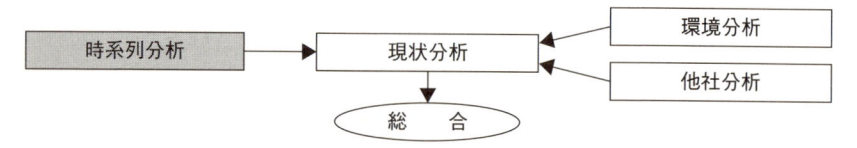

```
時系列分析 → 現状分析 ← 環境分析
                ↓    ← 他社分析
              総　合
```

現状分析は、収益性の現状、財政状態や流動性の現状を調べるのですが、企業の現在の収益力も財務構造も、過去の業績や財務活動の集積であり、過去を抜きにして評価はできません。年次ごとの推移を追って、いかにして現在の姿にたどり着いたのかをみることによって、現在の企業の実態の本質を理解することができます。

それに、企業経営は外部の環境の影響を受けますので、企業の現状を知るには、外部の環境の現状を知る必要があります。

外部環境の影響を受けるものには、同業者をはじめ、経済を支えるさまざまな企業があります。外部環境の影響が他社にはどのような形で働いているかをみるのも、企業の現状をみるのに重要です。

企業の現在の収益力も財務構造も、過去の業績や財務活動の集積であり、過去を抜きにして評価はできません。年次ごとの推移を追って、いかにして現在の姿にたどり着いたのかをみるのが、財務分析の基本です。

また、現在が好ましい状態にあるのか、あるいはその反対なのかは、過去の状況と比べてみて初めて結論が出せます。他社と比べて好ましい状態でなくても、ここ数年来改善が続いているのなら、それは好ましい状態と結論づ

けることができます。

　理想的な状態にまで短期間には到達することは困難でも、毎年改善が続けば、やがては、理想に近い状態に近づくことができます。

　四半期決算書による時系列分析では、マザーズ上場企業についてはかなり長期のデータが揃いますが、その他の上場企業では、まだ歴史が浅くせいぜい2～3年分程度の四半期決算書しか入手できません。また季節変動の影響を大きく受けて、四半期決算書をもっとも必要とする建設業などでは、2006年3月期までのところでは、四半期決算書を公開している企業はまれです。

　時系列の調査を行うには、通常、少なくとも5年程度のスパンのデータが必要なのですが、現状では、必要な期間の四半期決算書が入手できないことのほうが多いのが現実です。

　この場合には、四半期決算書が入手できる以前の年度については、中間決算書で間に合わせるしかありません。

♣将来の趨勢をみるためにも時系列分析が必要

　将来の予測には、企業の過去の実績を時系列で比較して、上昇期と下降期のパターンを慎重に観察し、検討することによって、将来の趨勢までもが読めるようになる可能性もあります。

　この場合には、当社の動きが、世の中の動きと軌を一にしたもので、持続性のあるものか、当社だけの特殊な現象で、当期だけのものかなどを推定するためには、経済情勢の動きや、景気動向にも注意する必要がありますし、同業他社との比較分析も必要になります。

　このような推測は、年次分析でもできますが、四半期分析では、趨勢の変化を早く知ることができる可能性が高いと考えられます。

　また、変化は試行錯誤を繰り返しながら、その内に方向づけが決まることが多いので、四半期情報により試行錯誤の様子を観察することによって、変化が一時的なものか、趨勢的なものかや、趨勢の方向などが年次情報によるよりも早く、より確実にとらえることができます。

♣収益構造の変化の調査

　過去における収益構造の変化を時系列的に分析して、趨勢の変化などを調べるのに、四半期分析が効果的なのは前述のとおりですが、時系列の趨勢に最近の各種の与件の変化などを加えて検討し、最近期の実績値を評価するだけではなく、将来の方向も予想します。

Q32 四半期ごと変動パターン分析でわかることは

Answer Point

♧ 変動パターンで最も基本的なものは、売上高の変動パターンです。
♧ 販売費及び一般管理費も、季節ごとに変動しますが、特定の企業に限ったものでなく、企業全般に共通したものが多いようです。
♧ 季節に応じて取扱商品が変わる場合などでは、売上高のみならず、利益や棚卸資産残高など多くの項目が季節により変動することがあります。
♧ 売上高の変動に伴う売上債権など運転資本要素の変動も重要なものです。

♣ 売上高の変動パターンというのは

　季節変動の影響を受けて変動するものの代表的なものとして、売上高があります。季節変動による売上高の変動パターンを時系列分析によって調べ、あるいは同業他社の変動パターンを参考にして、理論的な売上高変動のパターンを想定します。

　現実の変動状況を理論パターンと比べて、大きく食い違う場合には、食い違う原因を調べて、異変が起きているのか、傾向が変わったのか、あるいはたまたまのパターンからの逸脱なのかを調べます。

　売上高の変動は、季節要因だけでなく、景気動向、天候条件などの外的要因のみならず、工場の稼動状況や従業員の勤務状況などの企業内部の事情などによっても変動しますので、季節変動と単純に割り切って分析することはできません。

　季節ごとに取扱商品などが違う場合には、売上高の変動パターンは複雑になります。年度ごとに商品ごとの変動に微妙な差があるのが普通ですので、単純に理論パターンと比べることができないことが多いと思われます。

　商品ごとに利益率や回収条件が違う場合には、利益や売上債権回転期間なども変化しますので、利益率や、回転期間の分析において、商品の違いによる変化にも注意をする必要があります。

　販売費及び一般管理にも季節性がありますが、個別企業に特有な変動でなく、他の企業にも共通する変動が多いので、同業他社との比較により、調査先企業だけが異常に大きく変動していないか、あるいは、変動が少なすぎないかなども調査のポイントになります。

ただ、販売費などの変動は、四半期単位ではそれほど大きな金額にはならないのが普通ですので、四半期分析の対象にならないことも多いでしょう。
業種や企業により、特定の費用支出が一定の時期に集中することがありますので、このようなパターンにも注意する必要があります。

♣売上高の変動により間接的に季節変動の影響を受けるのは
運転資本も季節変動をしますが、季節変動というよりは、売上高の変動によって変動するものですので、季節変動の影響は間接的であるということができます。
売上高の変動から運転資本や3要素などの理論変動パターンを設定して実際と比べて分析する手続が特に重要です。Q33で分析のポイントを検討し、Q45で実例により検討します。
売上高変動の影響を受けるものに、売上原価（製造原価）があります。売上高の増える季節には、製造業などでは、量産のメリットにより製造原単価が低下します。
その結果、売上原価率が低下して粗利益率が上昇します。したがって、売上高が増えるシーズンには、売上増による利益増に、売上原価の低下による利益増が加わって利益は二重に増えます。このようなケースについてはQ48にて実例により検討します。
ただ、企業によっては、閑散期の間も製造量をそれ程落とさずに、年間を通じて平均的な量の製造を行い、製造原単価の変動をできるだけ少なくする企業がありますが、この場合には、閑散期には在庫量が増えますので、在庫保有のための借入金やその支払利息が増えることになります。
図表54は、季節変動の影響により直接または間接的に変動して、一定のパターンが現れる可能性のある科目を系統的に示したものです。

【図表54 季節変動の影響によりパターンが現れる可能性のある科目】

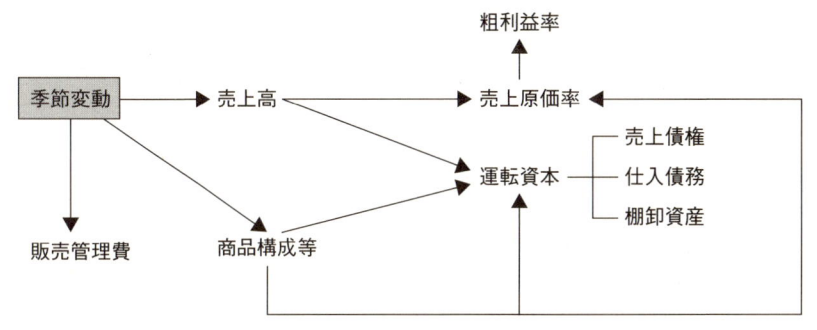

Q33　運転資本要素の変動パターン分析でわかることは

Answer Point

♧運転資本についてのパターン分析法が特に効果的です。
♧会社ごとに四半期ごとの売上高の変動に基づく運転資本の変動パターンを推定します。
♧運転資本には、キャッシュフロー計算書の運転資本要素を利用するのが便利ですが、この場合には、運転資本の構成内容を調査して、運転資本以外のものが含まれていないかに注意します。

♣パターン分析というのは

　季節変動の影響を受ける企業では、季節ごとに売上高が変動します。売上高の変動に伴って、売上債権、棚卸資産、運転資本残高や、各種利益率や回転期間なども変動します。
　これら変動は、四半期ごとに一定のパターンを示すのが普通です。パターン分析法は、規則的なパターンを示すものについて、四半期ごとの理論的な変動パターンを想定し、実際の変動状況を変動パターンと比べることによって、異常な変動の有無をチェックする分析法です。

♣　パターン分析には運転資本のパターンが最も効果的

　運転資本は、売上高の変動に伴って変動しますが、その変動には一定のパターンがあり、実際の金額がパターンから外れた場合には、運転資本要素に何か異変が起きていることが多いので、四半期分析での異常発見のための重要な手段になります。
　運転資本の主な構成要素である3要素も売上高の変動に伴って変動をしますし、変動には一定のパターンがありますので、パターン分析に利用できます。
　3要素総合残高の変動は、売買活動による使用資金尻の変動を示すので、売買活動での問題点が浮き彫りになる可能性がありますが、営業活動全体の動きをみるためには、運転資本の変動パターンによるべきです。
　例えば、前受金や前渡金などの残高が常時多くて、重要性が高い企業もあります。この場合には、前受金は売上債権のマイナス要因であるとして、売上債権から控除し、前渡金は仕入債務のマイナス要素として、仕入債務から

控除するなどの形で、前受金などを3要素に取り込む方法があります。

♣運転資本には不純な要素が入り込む可能性がある
　ただ、前受金などは運転資本というよりは、金融的要素の強いものが多いし、その期間だけの特殊要因によって変動することが多いので、純粋な売買活動による経常的な使用資金尻の変動を把握するには不向きな面もあります。
　ただし、建設業における未成工事受入金は、棚卸資産として取り扱われる未成工事支出金の見合いとして受け入れたものですから、未成工事支出金のマイナス項目として3要素に取り入れるべきことが多いでしょう。
　運転資本は、3要素よりも範囲が広く、営業資金全体の動きが把握できますが、運転資本には営業取引に関係するもの以外の資産・負債も含まれていることが多いため、不純な要素が入り込む可能性があります。

♣キャッシュフロー計算書の運転資本と本来の運転資本の違いは
　運転資本としては、キャッシュフロー計算書の営業キャッシュフロー区分の運転資本要素収支を利用するのが効果的です。
　この場合には、キャッシュフローの運転資本と本来の運転資本とは同じでない点に注意する必要があります。
　本来の運転資本とは、貸借対照表の流動資産から流動負債を控除した残高のことをいい、運転資本要素には、流動資産、流動負債のすべてが入りますので、現金及び現金同等物や短期借入金なども含まれます。
　これに対してキャッシュフローでの運転資本要素には、現金及び現金同等物は含まれませんし、短期借入金も含まれません。流動資産や流動負債であっても、固定資産購入のための未払金などは除外されます。また、固定資産・負債であっても、長期前払費用や固定負債中の退職引当金などは、営業費用の支払いに関するものとして、運転資本に含まれます。
　この意味では、キャッシュフローの運転資本のほうが営業取引における資金の動きを、より広範囲にかつ実態をより忠実に示すものということができますが、キャッシュフロー計算書の作成において、企業側でどの程度厳密に運転資本要素を選別しているかが問題になります。

♣直接法のキャッシュフローしか公開していないときは利用ができない
　投資家などの分析者がキャッシュフロー計算書から運転資本要素を抽出するには、間接法の様式のものを利用しますので、直接法のものしか公開していない場合には利用ができません。

しかし現実には、直接法のものを公開している企業は皆無に近いので、間接法のものしか利用できないのはほとんど支障にはならないでしょう。

間接法の様式から運転資本要素を抽出する場合、内容が不明なものが多いし、さまざまな種類の資産・負債がその他として一括計上されていることが多いので、売上債権、棚卸資産及び仕入債務の3要素の増減高のほかは、仕入債務の増減額の下の行から小計欄の上の行までの項目をすべて運転資本要素の収支として扱うしかないことが多いのです。

その他資産・負債には営業取引にかかるもの以外のものが含まれている可能性がありますが、金額的には無視できるでしょう。

ただし、金融業や証券業などを兼業している場合には、証券業における預り金とか、営業貸付金のような金融資産や負債が含まれていて、金額が大きいこともありますが、正確に分別できる場合を除いて、金融業などはもともと特殊な業種であると割り切って、簡略化を優先させるのが合理的と思います。

♣ 貸借対照表による運転資本要素パターン分析でわかることは

直接法によっているなどで、キャッシュフロー計算書から運転資本要素の抽出ができない場合には、2期間の貸借対照表から運転資本の増減高を計算し、運転資本要素に代用することができます。

ただし、貸借対照表の運転資本増減高は必ずしもキャッシュフロー計算書の運転資本要素と一致するとは限りません。それは、外部の分析者には、貸借対照表の諸科目のうち、どれが運転資本要素を構成するものかが厳密には分からないことが多いことや、貸借対照表の増減高には非資金取引によるものが含まれていることなどをあげることができますが、最大の問題は、期中に合併や連結対象子会社の構成に変化があった場合です。

例えば、資産取得のための支出額は、期中に支出した金額だけが当期のキャッシュフローとなりますが、期中に新しい子会社が連結に加えられた場合、貸借対照表の増減高による場合には、子会社が連結開始時に保有していた資産の残高までもが、期中の取得支出としてキャッシュフローに加えられるなどで、新規連結子会社が加わった場合などには、増減高は正確なキャッシュフローを示さないことが多いのです。

ただ、子会社が連結開始以前に保有していた資産も、新しく資金を支出して取得した資産も、連結グループにとっては、保有資産が増えて新しいリスクが発生するという意味では全く同じなので、貸借対照表の増減高による運転資本要素の推定額も、重要な意味を持っていると考えます。

Q34 同業他社との比較分析でわかることは

Answer Point

♣調査先企業の四半期数値の評価には、同業他社との比較が重要な分析手続になります。

♣業界全体の業績が低迷し、財政状態が悪化している場合には、理論的に標準値を設定して、標準値と比較することなどを考える必要があります。

♣最も公平な尺度になる同業他社の実績

調査先企業の業績や財政状態を評価するのに、過去の実績と比べて、良化しているか、悪化しているかなどによる方法がありますが、企業の業績などは、景気や市場の動向に左右されることが多く、過去との単純な比較では決められないのが普通です。

この場合、公平な尺度になるのは、同業他社の実績です。

同業他社とは、環境条件や顧客の重要動向などに共通点が多いので、比較の対象として利用できます。

同業他社が総じて業績が低迷する中で、当社だけが業績を伸ばすということは容易なことでありませんので、ある四半期において、同業他社よりも各種の数値が上回っているということは、粉飾でない限りプラス要因として評価してよいのです。

♣同業他社の四半期決算書が入手できないとき

ただ、同業者とはいえ、体質の差などで、四半期単位では、景気や市場動向などに対する反応速度などに違いが出てくる可能性があります。調査対象の企業にもその時々で特殊要因がありますので、できる限りこれらの特殊要因を探って、評価の際の斟酌材料にすることが望まれます。

同業他社に上場会社が少ない場合や、全く存在しない場合には、同業他社からは四半期決算書などの入手が不可能なので、理論的に推定される標準基準などを利用する必要があります。

このように、同業他社との比較は不可能な場合もあって、この手法の適用には限界があります。

♣ **同業他社との比較で注意すべき点は**

　四半期分析で、同業他社の四半期情報が入手できる場合でも、季節変動の影響などは企業ごとに千差万別ですので、同業他社のパターンをそのまま調査会社に当てはめてよいというわけではありません。

　また、自己資本比率や借入金依存度などは、各企業のこれまでの業績、財務運営や経営方針などの結晶であり、一朝一夕には改まるものではありませんので、単に比較するのは無意味なことが多いと思います。

　例えば、AOKIの2006年3月末の自己資本比率は59.9％、借入金依存度は15.7％です。業界トップの青山商事の同時期の自己資本比率は68.3％、借入金依存度は14.5％であり、いずれもAOKIのほうが、青山商事に比べて劣っています。しかし、AOKIの自己資本比率も借入金依存度も標準値よりも勝っており、それ自体立派なものです。青山商事よりも劣っているからといって、減点をつける理由にはなりません。自己資本比率のような安全性比率については、標準値以上であれば、特に、同業者などと比較して、優劣を判定する必要などないことが多いと考えます。

　ゼネコントップの鹿島建設の2005年3月末の自己資本が12.1％ですが、他の中堅ゼネコンがこれより高い15％であったとして、この企業の優位性を主張するのはあまり意味がありません。それは業界の中では意味のあることかもしれませんが、15％程度の自己資本比率では、独立企業としての安全性が著しく低いと判断するしかありません。

　それに鹿島建設では、長年業界トップとして蓄積してきた抜群の営業力、技術力、金融調達力などを保有していて、自己資本比率では計り切れない総合的な強みをもっています。

　話をAOKIの例に戻して、AOKIの2006年3月期の売上原価率は54.1％です。同時期の青山商事の売上原価率は45.2％であり、両社の売上原価率の違いを分析するのは、同業者比較において、大変重要な手続になります。青山商事が低いのは、規模のメリットや、有利な仕入をしているとか、同じような商品でもブランド力により、青山商事のほうが高く売れるなど、さまざまの理由が考えられます。これらを一つ一つ検討してAOKIの問題点を探るのです。

　また、AOKIでは、売上原価率が2005年3月期の50.7％から2006年3月期には54.1％に上昇しています。同期間に青山商事では、売上原価率は45.9％から45.2％に低下しており、青山商事や他の同業者との比較などにより、AOKIの売上原価率上昇の原因を詳しく調査する必要があります。

Q35 四半期キャッシュフロー分析でわかることは

Answer Point

♣ 年次では全体に隠れてしまう異常が、四半期では数値として現れることがあります。

♣ M＆Aが盛んな企業では、キャッシュフローは1四半期遅れて連結されるケースがあります。

♣ M＆Aが盛んな企業では、四半期連結キャッシュフローの変動が少なくみえて、実態よりも平穏にみえる傾向があります。

♣ 楽天株式会社の四半期キャッシュフロー計算書の例

図表55をみてください。

楽天株式会社の2004年12月期及び2005年12月期の四半期ごとのキャッシュフロー計算書を列記したものです。

正規の様式と違い、営業キャッシュフロー区分を簡略化したうえで、利益要素と運転資本要素に細分していますし、投資・財務キャッシュフロー区分で、一部を除き収入と支出を両建で表示せず、差引純額で表示するなどの簡略化を図っていますが、実質的な内容は正規のものと同じです。

楽天では、配当金及び利息収入は財務キャッシュフローに、利息支払額は財務キャッシュフローに含める処理法を採用していますが、金額的にはそれほど大きなものではありませんので、会社側処理のままにしています。

♣ 年次では現れない異常が現れることがある

2005年6月第2四半期の投資キャッシュフロー区分で、子会社株式取得支出が335億円のプラス（収入）になっています。子会社の株式を取得した場合は資金が支出されるのが普通ですが、ここでは収入になっています。

これは、株式を購入して新しく連結の対象とした子会社がある場合には、キャッシュフロー計算書で子会社株式取得支出には、新規連結子会社の手持現金及び現金同等物を子会社株式取得支出から控除した金額を記載することになっているからです。

新しく株式を取得した子会社を連結に組み入れた場合、キャッシュフロー計算書では新規連結子会社の資金（現金及び現金同等物）の残高は、期首

【図表55　楽天の期間ごとキャッシュフロー計算書比較】　　（単位：億円）

	2004年12月期	2005年12月期			
	通期	I期	II期	III期	IV期
税金等調整前当期純利益	−84	24	66	113	139
連結調整勘定償却	132	7	8	12	23
減価償却費					
諸調整	93	6	−5	−33	−36
法人税等	−12	−5	−18	−5	−3
利益要素計	(129)	(32)	(51)	(87)	(123)
売上債権の増減額	−24	−1	−7	127	−113
棚卸資産					
仕入債務の増減	2				
その他資産負債	−16	−261	−70	−69	−333
運転資本要素	(−38)	(−262)	(−77)	(58)	(−446)
営業CF	91	−230	−26	145	−323
有無形固定資産取得支出	−55	−7	−43	−8	−26
有無形固定資産売却収入					1
投資有価証券取得支出	−168	−73		−180	−1,537
投資有価証券売却収入		25	28	6	486
連結子会社株式取得支出	−55	−5	335	−411	−15
連結子会社株式売却収入					
その他	−23	−2	−13	19	−21
投資CF	−301	−62	307	−574	−1,112
短期借入金	−26	84	223	123	1,028
長期借入金収入	20			555	215
長期借入金支出					
社債発行収入		99		1	−1
社債償還支出	―			−2	−5
株式発行	285		8		33
その他	−5	−3	−1	−1	−2
財務CF	274	180	230	677	1,268
為替換算差額	2	1	1	2	2
資金増減額	66	−112	511	251	−166

連結残高には含まれていませんが、連結手続により、新規連結子会社の期末資金残高も期末連結資金残高には含まれることになります。

　Q25で説明しましたとおり、キャッシュフロー計算書の構造は、

> 期首資金残高
> ±期中資金増減額
> 期末資金残高

となっていますので、新規連結子会社が持参した資金残高だけ期末資金残高が不一致になります。

　この不一致の解消法としては、新規連結子会社の連結会社が持参した資金残高をキャッシュフロー計算書の期首資金残高に加えるか、期中資金増減額に加えるかの2方法がありますが、キャッシュフロー計算書では、後者の方法を採用していますので、子会社株式取得支出から控除することにしたものです。

　反対に、これまで連結対象であった子会社の株式を売却して連結対象から外した場合には、期首の連結資金残高には、連結を除外した子会社の分も含まれていますが、期末残高には含まれません。

　そこで、株式の売却収入から、連結除外時の子会社の資金残高を控除した金額が子会社株式売却収入となりますので、売却収入が売却支出になることもあります。

　楽天では、2005年6月にクレジット業の国内信販の発行済株式の55.52%を取得して新たに連結に加えたのですが、同社では現金及び現金同等物を合計で505億円保有していました。この株式購入に楽天は75億円を支出したのですが、上記の505億円を控除することによって430億円の収入になったのです。

　このような特殊な取引があったために、2005年9月期第2四半期の投資キャッシュフロー区分では、子会社株式取得支出が335億円のプラスになったものですが、第3四半期には子会社株式取得支出が411億円のマイナスになっているため、2005年12月通期では子会社株式取得支出は96億円のマイナスになっています。

　このように、四半期では数値として表示される特殊な現象や異常値が、年次では、他の数値と混合することによって、数値として表示されないことがあります。また、このような数値は四半期ごとの単独値でしか現れないことが多いので、単独値による分析も重要になるわけです。

♣ **キャッシュフローは1四半期遅れて掲載されることがある**

　楽天の2005年6月中間期の連結貸借対照表では、資産合計額が2005年3月第1四半期末の3,837億円から1兆2,969億円へと、一挙に9,132億円も増えています。

　これを科目別にみますと、割賦売掛金が1,486億円、信用割賦売掛金が4,051億円、営業貸付金が1,644億円の残高が新たに発生しています。

これは、主に、2005年6月に連結子会社となった国内信販の資産が新たに加わったことによるものと考えられます。国内信販の加入により連結貸借対照表では、2005年12月期中間期（第2四半期）から同社の資産、負債は連結されています。

　しかし、連結キャッシュフロー計算書及び連結損益計算書は、簡便法の採用により、連結は7月からとなっていますので、第2四半期には連結されず、第3四半期からになります。

　Q26で触れましたように、2003年12月に新たに連結子会社となったディーエルジェイディレクト・エスエフジー証券は、2003年12月期の連結貸借対照表には連結されていますが、損益計算書やキャッシュフロー計算書は次の2004年3月第1四半期から連結されるなど、貸借対照表に比べ損益計算書やキャッシュフロー計算書では1四半期遅れて連結されることが多いため、注意が必要です。

♣四半期連結キャッシュフローでは変動が少なくみえることがある

　図表55では簡略化して、科目など統合して表示していますが、これを、2005年12月期第3四半期の運転資本要素について、会社側の記載どおりのものに戻しますと、図表56のとおりです。

【図表56　2005年12月期第3四半期の運転資本要素の内訳】

売上債権の増減額	1億円
割賦売掛金の増減額	126
流動化債権の増減額	186
営業貸付金の増減額	－138
未払金・未払費用の増減額	29
前受金の増減額	－10
その他	

　2005年6月末の中間連結貸借対照表と比べますと、貸借対照表では割賦売掛金1,486億円、信用割賦売掛金4,051億円が新たに発生していますのに、キャッシュフローでは逆に126億円減少して資金収支がプラスになっています。

　貸借対照表では営業貸付金が1,644億円も新たに発生していますのに、キャッシュフローでは138億円しか増えていません。

　これらは、新規連結子会社が連結開始時に保有する資産・負債はキャッシュフローには表示されず、当該四半期の増減分だけがキャッシュフローに記載されるからです。

　資産を購入して自社の所有物にした場合も、新規子会社を取得して、その

資産を連結ベースの資産に加えた場合も、新規増加資産としてのグループの資産管理義務や、資産保有に伴うリスクにおいては、両者は実質的には変わるところがないのに、購入の場合にはキャッシュフローの支出になり、連結子会社取得の場合にはキャッシュフローには表示されないのは、ある意味では不合理であるといえます。

　子会社取得のための資金支出額が投資キャッシュフロー区分に記載されますが、取得金額は、資産から負債が控除された純額ですので、資産の総額は表示されません。

♣ストックを扱う貸借対照表とフローを扱うキャッシュフロー計算書の違い
　楽天のケースでは、上記の3科目だけでも7,181億円も増えていて、それだけリスクも増えているのに、キャッシュフローでは3科目で僅か12億円しか増えていません。

　これは、ストックを扱う貸借対照表とフローを扱うキャッシュフロー計算書の当然の違いですが、M&Aが盛んな企業では、連結貸借対照表では大変動が起きているのに、連結キャッシュフロー計算書では比較的平穏無事にみえることがあります。

　したがって、キャッシュフローだけをみて資金運用などを判断すると間違えることがありますので、注意が必要です。

♣非資金取引についてのキャッシュフローの擬制
　このような場合、キャッシュフローを伴わない非資金取引であっても、キャッシュフローがあったものと擬制して、キャッシュフロー計算書をつくり替えると、実態が明らかになることがあります。

　上記のケースでは、新規連結子会社が元々保有している資産も含めて資金の支出とし、子会社の負債額に見合う資金調達があったとして収入に計上するのです。

　あるいは、金融機関から債務免除を受けた場合など、金融機関から一旦現金などの贈与による収入があったとして収入に計上したうえで、同額を金融機関への借入金などの返済のために支出したとするのです。

　企業が作成するキャッシュフロー計算書は、規則や様式で縛られていて、勝手な変形は認められませんが、分析者の立場では、最も実態に合った分析ができるよう、分析者の意思で勝手に変形することができますし、必要な場合には積極的に変形などを工夫すべきと考えます。

Q36 投資・財務キャッシュフローの分析・読むポイントは

Answer Point

♧投資キャッシュフローでは、投資有価証券、貸付金などの増加に注意します。
♧財務キャッシュフローでは、調達の方法に注意します。
♧現金及び現金同等物の増減にも注意します。

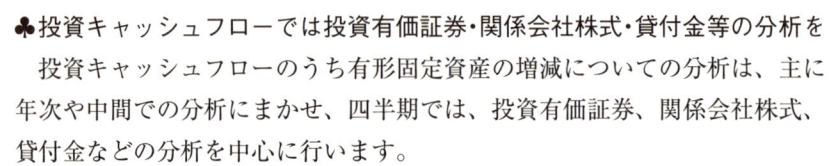

♣投資キャッシュフローでは投資有価証券・関係会社株式・貸付金等の分析を

　投資キャッシュフローのうち有形固定資産の増減についての分析は、主に年次や中間での分析にまかせ、四半期では、投資有価証券、関係会社株式、貸付金などの分析を中心に行います。

　貸付金が増えるのは、取引先に対するものである場合には、金融業でもない会社が、なぜ取引先の金融の面倒までみなければならないのかを究明する必要があります。

　取引先の業績が悪化して、資金不足が生じたが、銀行からは融資を受けられず、このままでは倒産に追い込まれるといった場面に遭遇することがあります。

　このようなケースで、取引先が倒産すると、自社の取引がなくなるし、債権がすべて焦げ付くことになるため、資金援助を行って倒産を防ぐことがあるのですが、取引先の業績悪化に歯止めがかからないため、追加融資を行う必要が生じ、融資の泥沼にはまり込む恐れもあります。

♣融資の相手が関係会社であるときは

　融資の相手が関係会社である場合には、関係会社の業績が悪化して資金繰りが悪化している恐れがあります。関係会社に対する融資が期ごとに膨らんでいる場合には、関係会社の業績が悪化を続けているのを、資金援助により支えていることが考えられます。

　この場合、関係会社の業績悪化が連結決算書上に適切に表示されているかに注意します。子会社の欠損金を表面化させず、含み損として隠している場合には、連結貸借対照表で資産が大きく膨れ上がることが多いため、不良資産を隠しやすい科目について、回転期間などにより、不良資産の存在をチェックします。

♣期ごとに増加を続けている相手については連結逃れも疑ってみる

　実質的には子会社であるのに、連結逃れをしていることもありますので、債権残高が著しく多いか、期ごとに増加を続けている関連会社や一般の取引先については、連結逃れも疑ってみることも必要です。

　関係会社に対する資金支援は、貸付金だけでなく、投資有価証券、関係会社株式など出資の形をとることもあります。また、売上債権の回収期日を延長するなど、運転資本により援助が行われることもあります。この場合には売上債権や未収金などの債権のみならず、仕入債務などの債務についても残高の増減分析などにより、資金融資の状況を調べる必要があります。

♣関係会社の資金支援

　関係会社の資金支援には、金融機関に保証をして、関係会社に直接金融機関から融資を受けさせる方法があります。この方法では、関係会社等が返済できない場合には、親会社が代わって弁済する必要があります。

　資金融資がどんどん膨らんでいるような関係会社については、親会社の支援がない限り、金融機関への返済ができないのが普通であることから、親会社の保証による子会社での資金調達は、実質的には親会社の資金支援と考えるべきです。ただ、保証は親会社と関係会社の間ではキャッシュフローを伴いませんので、キャッシュフロー計算書には記載されませんし、貸借対照表にも記載されませんので、決算書の注記により調べる必要があります。

♣財務キャッシュフローについては資金調達方法に注目

　財務キャッシュフローについては、資金調達の方法に注目します。設備投資の資金を短期借入金で調達していたり、長期借入金の返済資金を短期借入金で調達していないか、などに注意します。

　資金調達についても、キャッシュフローを直接伴わないものがありますので、貸借対照表の借入金などの残高増減と合わせて分析する必要があります。

♣資金残高の増減にも注意

　財務キャッシュフローの重要な機能に、現金及び現金同等物残高の管理があります。収入が多くて、現金及び現金同等物が増えた場合には、借入金の返済に充当したり、他のもっと有利な方法で運用するなどで、現金及び現金同等物の残高を必要以上に増やさないようにすることが望まれます。

　いつも手許に不必要な資金がだぶついているのは、資金効率上よいことで

はないし、現金・預金水増しの粉飾の疑いももたます。

図表57は、1990年3月期から1999年3月期までの10年間のカネボウのキャッシュフローを、同社の資金収支表から抽出して一表にまとめたもので、最右列には10年間の累計値を記載しています。

紙幅の関係で、1995年3月期までは3年間の累計値で、1996年3月期以降は2年間の累計値を、営業キャッシュフローは内容を省略して合計額のみを、それぞれ掲載しています。

1999年3月期までとしたのは、2000年3月期以降は、資金表としてはこれまでの資金収支表に代わりキャッシュフロー計算書が公開されることになったのですが、両資金表を単純には比較することができないからです。キャッシュフロー計算書は連結ベースのものが原則だし、資金収支表は個別ベースのものといった違いもあります。

図表57は、資金収支表を一部修正して、キャッシュフロー計算書の様式に合わせたものであり、したがって個別ベースのものです。

図表57は、資金収支表の仕組みに従って、配当金支払支出が営業キャッシュフロー区分に、割引手形が財務キャッシュフロー区分に含められている点が、現行のキャッシュフロー計算書と違います。

1999年3月期までの10年間の累計値でみますと、投資キャッシュフローは1,440億円のマイナスになっています。有形固定資産売却収入が1,202億円もあって、資産を売却して、資金繰りに充当したことが窺われます。

投資有価証券の売却収入と取得支出を総合した収支差額は10年間累計で498億円のマイナスですし、貸付金の収支差額も1,232億円のマイナスになっています。この両科目の収支差額は、主に子会社等に対する資金援助のための資金流出額と考えられますが、合計しますと1,730億円になります。

子会社等に対する資金支援には、ほかにも保証によるものがあることに注意する必要があります。カネボウのような、グループ全体で業績が著しく悪化している企業では、保証は実質的には親会社の子会社等に対する融資であると考えるべきこと前述のとおりです。

この10年間に、保証が1,034億円増えていますので、投資有価証券、貸付金の純支出額と合計しますと2,764億円になります。

子会社等で資金不足が発生するのは、主に損失や不良資産が累増したことによることが多いので、投資キャッシュフローから、カネボウの子会社等では2,764億円程度の欠損金や含み損が累積していることが推察できます。

営業キャッシュフローの運転資金要素にも、子会社等支援のための支出が

含まれているのが普通ですので、カネボウでは、膨大な損失や含み損を子会社に隠していたことがキャッシュフローから推察できます。

1999年3月期までの10年間で投資キャッシュフローは、1,440億円のマイナスになっていますが、このマイナスは営業キャッシュフローの黒字488億円と財務キャッシュフローの黒字504億円で調達し、不足額448億円は手許資金を食いつぶして、全体として資金繰りをつけています。

財務キャッシュフローの504億円の黒字のうち、400億円は増資による調達資金です。財務キャッシュフロー区分には、内容が不明ですが、その他の収入が665億円もあって、その他の支出454億円を差し引いても、211億円の収入超過になっています。結局、この10年間では、借入金は返済のほうが多くて、残高は減少しています。

【図表57　カネボウのキャッシュフロー計算書】

(単位：億円)

	1990～1992	1993～1995	1996～1997	1998～1999	10年間累計
営業キャッシュフロー	20	－193	172	489	488
投資キャッシュフロー					
有形固定資産売却収入	20	238	202	742	1,202
有形固定資産取得支出	－460	－474	－157	－104	－1,195
投資有価証券売却収入	2	235	37	10	284
投資有価証券取得支出	－98	－122	－482	－80	－782
貸付金回収収入	15	88	196	650	949
貸付金貸付支出	－2	－251	－166	－1,762	－2,181
その他収入	10	26	322	10	368
その他支出	－21		－3	－61	－85
投資キャッシュフロー計	－534	－260	－51	－595	－1,440
財務キャッシュフロー					
短期借入収入	7,803	9,363	8,095	12,195	37,456
短期借入金返済支出	－8,043	－9,446	－7,879	－11,686	－37,054
割引手形	－116	－52	－146	－33	－347
社債発行収入	135				135
社債償還支出		－747			－747
長期借入収入	492	1,691	559	306	3,048
長期借入金返済支出	－535	－510	－809	－744	－2,598
株式発行収入	400				400
その他収入	140	53	160	312	665
その他支出	－94	－36	－116	－208	－454
財務キャッシュフロー計	182	316	－136	142	504
総合収支尻	－332	－137	－15	36	－448

Q37 借入金分析でわかることは

Answer Point

♣借入金が急増したり四半期ごとに増え続けていないかに注意します。
♣割引手形の増加にも注意します。
♣現金及び現金同等物とのバランスにも注意します。

♣ 借入金の増加に注意

　借入金が増加するのは、売上高の増加に伴う増加運転資本調達のためのものや、設備や研究開発などへの投資資金調達のためのものなどがあります。
　損失の発生に伴う資金流出の穴埋めのため、借入れを増やすこともあります。
　損益が黒字なのに借入金が増えている場合には、売上代金の回収不能が発生したり、滞留在庫に資金が寝ている場合など、損失を含み損として隠している場合に多いので、借入金の増加が何に使われたかを調べるのが大切なことです。
　借入金の異常な増加を調べる目的のためには、借入金依存度や借入金回転期間が利用できます。
　借入金依存度は、図表58の計算式で計算しますが、売上増に伴う増加運転資本調達が目的の場合には、売上高の増加に伴い、売上債権や棚卸資産などが増加して、その分だけ総資産が増えます。

【図表58　借入金依存度の計算式】

> 借入金依存度 ＝｛（短期・長期借入金 ＋ 社債 ＋ CP他有利子負債）÷ 総資産｝× 100％

♣ 3要素総合残高増加高と借入金依存度の関係は

　売上増に伴って負債の仕入債務も増えますので、売上増に伴う運転資本増加額の主なものは、図表59の計算式による3要素総合残高増加高であることになります。

【図表59　3要素総合残高増加額の計算式】

> 3要素総合残高増加額 ＝ 売上債権増加額 ＋ 棚卸資産増加額 － 仕入債務増加額

　3要素総合残高の増加高を全額借入金で賄ったとしても、分母の総資産は、売上債権や棚卸資産の増加により、借入金の増加高以上に増えていますので、

借入金依存度は増えないのが普通であり、借入金依存度がもともと高い企業では、むしろ低下することのほうが多いのです。

したがって、借入金依存度が上昇するのは、設備投資資金か含み損を含め、損失資金の補填による場合が多いのですが、設備投資資金の場合はすべてを借入金で賄うことがなく、多くは、これまで減価償却などで蓄積してきた内部資金や増資による自己資金で賄われますので、借入金依存度が大きく増えることなどないのが普通です。

♣ 借入金依存度は財務体質の悪化を示す

設備投資資金の全額を、借入金で調達する場合には、それはそれで、財務体質を劣化させる原因にもなりますので、財務分析上はマイナスの評価をしなければなりません。借入金依存度は財務体質の悪化を示すことが多いので、この上昇には注意が必要なのです。

設備投資が増えておらず、損失も発生していないのに、借入金依存度が上昇するのは、損失を含み損として隠して表面化させない場合に多いので、資産の回転期間などにより、不良資産増加の有無を調査する必要があります。

借入金が徐々に増えている場合には、四半期単位では捕捉できないことがありますので、累積値でみる必要があり、年次決算に任せたほうがよいこともありますが、問題の発生時点で捉えられる可能性がありますので、四半期単位での分析も必要です。

♣ 割引手形の増加にも注意

割引手形は、受取手形の売却取引として処理されますので、キャッシュフロー計算書では営業キャッシュフロー区分に営業収入として表示されますが、実質的には、財務調達の性格が強いので、借入金などとあわせて、割引手形の増加にも注意する必要があります。

割引手形による資金調達は受取手形残高以上には調達できませんので、受取手形の残高にも注意する必要があります。

受取手形の残高が少ないと、割引手形以外に資金調達の方法が残っていない企業では、将来資金需要が増えた場合には、資金調達ができずに倒産する恐れもあります。

また、融通手形の手段に頼ることもありますので、割引手形が支払手形とともに大幅に増加していないかなどに注意します。

♣ 現金及び現金同等物とのバランスにも注意を

四半期単位では、四半期末に資金を借入れて、まだ未使用のまま、現金及

び現金同等物などの残高のままになっていることがあります。

　この場合には、売上増や設備投資などと関係なく借入金依存度が一方的に上昇することがあります。

　この点については、次の四半期における資金運用から、借入増の目的を調べて、正常な目的の借入金であったかどうかなどの判断をします。

　現金及び現金同等物が増えて、正常な水準にまで減少しない場合には、現金等水増しの粉飾を疑ってみる必要があります。

　図表60は、借入金依存度の計算例です。

【図表60　借入依存度の計算例】　　　　　　　　　　　　（単位：百万円）

① 売上増による場合		② 含み損発生による場合	
従来の資産（500）	従来の負債（300）（うち借入金250）	従来の資産（500）	従来の負債（300）（うち借入金250）
	純資産（200）		純資産（200）
売上増に伴う増加売上債権及び棚卸資産（100）	売上増に伴う増加仕入債務（50）	含み損資産（100）	借入金増加額（100）
	借入増（50）		

①の場合の借入金依存度の上昇
　従来の借入金依存度：250÷500＝0.5
　増加後の借入金：300
　増加後の総資産：600
　増加後の借入金依存度：300÷600＝0.5
②の場合
　増加後の借入金：350
　増加後の総資産：600
　増加後の借入金依存度：350÷600＝0.583

♣借入金以外による資金調達にも注意を

　資金不足額の調達は、借入金や割引手形などによるだけでなく、仕入先への仕入債務の支払期日を長くすることなどによって調達することがあります。

　このような資金調達は、資金が不足しているのに金融機関からの借入金を増やせない場合などに多く、資金繰り悪化の末期的症状であることが多いのです。

　したがって、仕入債務の回転期間が異常に伸びていないか、支払いについての悪い噂などを聞かないかなどに注意して、隠れ借入金の存在の調査を行います。

Q38　四半期損益分析でわかることは

Answer Point

♣四半期ごとの結果に一喜一憂しないことが大切です。
♣過去における業績のパターンと業績予想の適中率などを勘案のうえ、当四半期における業績予想値の達成の可否を推定をします。
♣趨勢を読みます。
♣第4四半期に売上高が集中する企業の例を紹介します。

♣四半期ごとの結果に一喜一憂しない

　季節変動の影響を受ける企業の四半期分析では、四半期ごとの業績結果に一喜一憂するのでなく、四半期業績は年間計画の一過程として評価する必要があります。
　そのためには、過去の四半期ごとの業績変動パターンに注意するとともに、期初における業績予想値にも注意する必要があります。業績予想値を過去のパターンに基づき当該四半期における予想値を推定して実績値と比較するのです。
　例えば、売上高の予想値が10億円であったとし、過去のパターンから第3四半期における売上高累計値の平均値が65％であったとすると、第3四半期までの予想値を6.5億円として、実績値と比較するのです。
　この際、予想値と実績値が大きく食い違う場合には、原因を調べて年間業績への影響などを予想します。食い違いの原因が、環境などの外的要因によるのか、会社側の原因によるのか、後者の場合には、改善のための手を打っているかを調べるのも大切なことです。

♣異常な変動がないかなどを調べる

　また、パターンや業績予想値などとの比較により、売上高、利益率などに異常な変化がみられる場合には、その原因を調べ、それが将来にどのような影響を与えるかを予想します。
　販売費及び一般管理費、営業外費用などについても、異常な変動がないかなどを調べます。多額の特別利益や特別損益が計上されている場合には、期初の予想に組み込まれているか、計上時期が妥当かなどを調べます。

特別損益などは、年次分析の項目であることが多いのですが、四半期情報から、業績における重要な事実や変化などが読み取れるなら、異常の早期発見の立場から、四半期分析でも取り上げるべきです。
　以上のような分析の結果、実績は正常で、予想のほうがおかしいと推定されることもありますが、その場合には、予想値がいつ修正されるかにも注意します。分析者自身でも、会社側発表の予想値を妥当な予想値に修正して爾後の分析に役立てます。
　会社によっては、期初において年度末のみならず、中間期末の業績予想をしているところがありますが、この場合には、中間期の予想値も利用します。

♣業績予想の公開姿勢から会社の開示姿勢を読む

　業績予想は、会社（経営者）の開示姿勢のみならず、経営姿勢を示すことが多いので、予想値の的中度をみるのは重要な手続です。
　また、修正が必要になったときに、直ちに修正を発表しているかも開示姿勢を示す重要な事項です。
　業績予想は外的要件の変化などにより、実績値と狂うのは不可避であることが多いので、的中率が低いからといって、予想が出鱈目であると断定するのでなく、修正が必要となった理由を調べて、予想はずれがやむをえない理由によるかを調べます。
　このような調査からも、会社の収益性の構造がわかることがあります。
　これらの事項を調べて、会社の開示姿勢を評価し、今後の分析のための参考にします。

♣業績が上向き状態にあるか下降傾向にあるかを推察する

　各四半期の実績について、過去のパターンなどと比べて、業績が上向き状態にあるか、下降傾向にあるかを調べ、将来どちらの方向に向かうのかの趨勢をも予測します。
　これにより、次年度の業績予想の妥当性などを検証する手段に利用することができます。

♣四半期損益分析は年次分析の準備でもある

　四半期分析は、異常を早い時点で把握することのほかに、年次分析に対する準備手続でもあります。
　四半期分析で発見した異常な現象などを集めておいて、年次分析で総合的

に分析をして、結論を出すのです。

四半期では詳細なデータが発表されないために、詳細な分析ができませんが、年次では、データが揃うので、改めて詳細な分析を行うのです。

また、四半期では年度末で行われる利益操作のようなものが行われることが少ないので、収益力の実態などがよくわかることがあります。

年度末に粉飾を行うと、先行する四半期の数値と不連続になることが多いため、四半期分析を的確に行っていますと、粉飾発見にも役立つことがあります。

四半期単位での損益分析のメリットは、3か月ごとに段階的に、業績の達成状況を観察できることのほかに、第4四半期に集中的に売上を計上し、これまでの赤字を解消して黒字にする期末偏重型企業の損益分析に便利なことをあげることができます。

この種のタイプの企業としてA社（Q8、Q39ほか）とJDC（Q49）の例を紹介していますが、他にも同様のタイプの企業は多数見つかります。

図表61は、第4四半期に売上が集中するタイプの企業の例であり、比較的長期間のデータが取れるマザーズ上場会社から選び出したものです。

図表61では、2003年3月期から2006年3月期までの各社の四半期ごと売上高、営業利益と、純資産、総資産の年度末残高を記載してあります。ただし、四半期の数値としては第3四半期と第4四半期の累計値を記載し、第4四半期については、第4四半期の単独値も記載してあります。

総資産について、年次売上高による回転期間（月）が記載してあります。

【図表61　第4四半期に売上高が集中する4企業の例】　　　（単位：百万円）

	2003/3 Ⅰ－Ⅲ	Ⅳ	2004/3 Ⅰ－Ⅲ	Ⅳ	2005/3 Ⅰ－Ⅲ	Ⅳ	2006/3 Ⅰ－Ⅲ	Ⅳ
B社　業種：映像管理システム開発								
売上高（累計）	1,084	1,897	921	2,151	1,329	2,838	834	1,502
（単独）		813		1,230		1,505		668
営業利益（累計）	40	238	−419	189	−494	231	−808	−816
（単独）		198		605		725		−8
純資産		1,098		1,178		2,111		40
総資産		2,139		3,061		4,127		2,191
総資産回転期間		13.5月		17.1月		17.5月		17.5月
C社　業種：電子地図製作								
売上高（累計）	1,136	1,844	801	1,649	599	1,441	588	1,592
（単独）		708		848		842		1,004
営業利益（累計値）	−540	−513	−212	81	−201	96	−73	297

（単独値）		27		293		297		370
純資産		915		942		977		986
総資産		3,334		3,147		2,938		2,658
総資産回転期間		21.7月		22.9月		24.5月		20.0月
D社　業種：漫画専門出版社								
売上高　（累計）		1,079		1,538	2,541	1,403	2,362	1,527	2,449
（単独）					1,003		959		922
営業利益（累計値）		−22		43	249	−26	151	−107	94
（単独値）					206		177		201
純資産		379		683		850		874
総資産		1,414		1,652		2,363		2,359
総資産回転期間		15.7月		7.8月		12.0月		11.6月
E社　業種：動画ストリーミング								
売上高　（累計）	1,033	1,601	1,121	1,727	1,409	2,122	1,864	2,762
（単独）		568		606		717		898
営業利益（累計）	−156	−64	−92	40	−44	46	74	115
（単独）		92		132		90		42
純資産		2,737		2,764		2,860		3,011
総資産		2,950		2,954		3,192		3,557
総資産回転期間		22.1月		20.5月		18.1月		15.5月

　図表61の4社は、ともに大部分の年度で、第4四半期に売上高が急増し、これまで赤字であった営業損益を、第4四半期の単独利益で黒字に転換させています。

　ただ、4社の中でB社は、2006年3月期には、第4四半期単独値でも営業損益が赤字になり、年間の営業損益の累計値は818百万円の赤字となっています。

　ほかに、特別損失で減損損失を計上したことから当期損失が大きく膨らみ、純資産は40百万円にまで減少した結果、企業継続に疑義をもたれるに至っています。

　D社では、第4四半期の累計営業利益は年々減少を続けていて、このままでは早晩四半期累計でも赤字に陥る危険性も感じられます。

　A及びJDCの両社ともに、最近になって、第4四半期に一挙に赤字から黒字に転換するというパターンが崩れて、年次決算でも大きな赤字を出しています。上記のB社の例と合わせて考えますと、1年を3か月で稼ぐ"いい稼業"は、長続きしない傾向があることを示しているように思えます。

Q39 売上高の分析・読むポイントは

Answer Point

♣ 季節変動などによる四半期ごとのパターンに注意します。
♣ 売上高の変動による売上債権など運転資本要素の変動のパターンにも注意します。
♣ 期初における予想値の達成状態を調査します。

♣ 季節変動による影響を読むポイントは

季節変動による影響を読み解くには、Q8のA社の例で示したような、四半期単独数値と累計数値による分析法が効果的です。

季節変動の影響を激しく受ける企業の売上高については、直前の四半期と単純に比較するのではなく、前年度の同一四半期と比較する必要があります。

一般的に、第4四半期には期末の追込み売上キャンペーンのために、売上高が他の四半期に比べ増加する傾向がみられます。

あるいは、通常の四半期には期末の売上高計上の締切りが比較的ルーズであり、一定日までに報告されない売上高は計上しないで、次の四半期に回すとか、場合によっては、20日で締め切って、21日以降の売上高は翌四半期に回すが、大決算の月には月末までの売上を厳密に計上するなどの処理方法の違いがあって、第4四半期の売上高が他の四半期に比べ多くなるようなこともあると考えられます。

このように、第4四半期の売上高が膨れ上がるパターンの会社について、季節要因によるのか、会計処理方法の違いによるのか、あるいは売上高の先行計上などがあるのかを見極めるのは微妙な問題であり、これまでの各Qで述べたとおり、四半期情報の分析などにより、ある程度までは見当がつくにしても、最終的には監査法人などの判断にまかせるほかないと考えられます。

♣ A社のケースでみると

A社については、第2四半期と第4四半期に売上高が増えるし、特に第4四半期には著しく増加しますが、次の第1四半期には大きく減少するパターンを毎年繰り返していますし、第1四半期の売上債権回転期間は毎年異常に上昇することを指摘しました。

A社では、2006年4月4日付で監査人の交代を発表しています。4月5日付の日本経済新聞によりますと、A社が監査人を交代させた背景には、製品の売上計上時期をめぐって前任の監査人との間に見解の相違があったとのことです。

　日本経済新聞では、A社では製品のソフトを、これまで販売代理店を通じて最終顧客に販売しており、代理店に販売した時点で売上高に計上していたのですが、監査人は最終顧客が購入した時点で計上すべきだと主張して、意見が対立したようだと報道されています。

　この件は、A社が監査人を代えたことで、結論は先に持ち越されたことになりますが、要は、代理店への販売が、本当の売上と認められるかどうかが問題であると思われます。

　販売店では、一旦購入した以上は、責任をもって最終顧客に販売し、それが不調に終わった場合にでも、自己の責任で処分する契約であるのなら、販売店へ販売した時点で売上を計上しても問題がないと考えます。

　ただ、Q43で説明するように第4四半期における販売代金の回収が不安定であり、本来なら、第4四半期の売上代金の大部分が次の第1四半期中に回収されるべきものなのに、1ないしは2四半期遅れて回収されるものが多いと推定される点が問題であると思われます。

　結局、代理店では、最終顧客から回収があった時点か、最終顧客の検収が終わり最終顧客への引渡しが事務的にも完了するなどで、代金の回収が確実になった時点でA社に支払っているものと推定され、代理店への売上は、仮売上に過ぎない疑いがもたれます。

　最終顧客が製品を引き取らない場合には、代理店はA社に返品できるなどの約束になっていたことも推察されます。

　A社は、2001年10月にマザーズに上場しているのですが、第4四半期に売上高が急増し、次の第1四半期には激減するし、第1四半期の売上債権回転期間が異常に上昇するパターンは、上場直後の2002年9月から続いています。これまでの監査法人による監査では、いずれの年度においても適正と報告されているのに、2006年になって突然不適正な処理と指摘されたことに疑問が持たれます。

　図表62は、A社の年次での売上高、当期純利益と純資産額の推移を示したものです。

　2004年9月以降連結決算書の公開をしていますので、2003年9月期までは個別ベースの数値であり、2004年9月期以降は連結ベースの数値です。連結

【図表62　A社の年次業績及び純資産等の推移】　　　　　　　　　（単位：百万円）

	売上高	当期純利益	純資産	うち利益剰余金
2001/9（個別）	1,053	9	520	39（－51）
2002/9	2,448	110	1,187	148（－19）
2003/9	2,827	100	1,419	229（　73）
2004/9（連結）	3,367	139	1,497	298（　154）
2005/9	3,490	189	2,640	426（　130）

開始時における連結と個別の差異は極めて小さいので、両者をそのまま比べても大した支障は起きないと考えます。

　図表62では、純資産の右側に利益剰余金残高も示してあります。利益剰余金の右側のカッコ内の数値は、次の第1四半期末における利益剰余金残高を示したものです。

　もし、旧監査人の指摘が正しいとして、最終顧客に対する売上時点により売上高を計上したとしますと、年度末の利益剰余金残高は、売上高の先行計上分の粗利益分だけ水増しになっています。

　次年度の第1四半期の実際の当期純利益がゼロであったとしますと、次の第1四半期の利益剰余金残高が前年度末の実質的利益剰余金残高と等しくなり、第1四半期の純利益がゼロであるとの仮定が正しい場合には、2002年9月期までは、実質的には利益剰余金が赤字になっていた疑いもあり、配当の妥当性までもが問題になると考えられます。

　A社の売上計上基準について、新しい監査人の判断が待たれます。

♣日本コーリンのケースでみると

　2003年7月に民事再生法を申請して事実上倒産した日本コーリン株式会社のケースを紹介します。

　同社では、動脈硬化測定装置の販売が好調で、図表63に示したとおり順調に売上高と利益を伸ばしていました。問題といえば、売上債権回転期間が大幅に伸びていたことでした。

　日本コーリンでは、2003年5月15日に突然、2003年5月中間決算の経常利益が、当初予想の13億円の黒字から74億円の損失になるとの修正発表を行いました。

　それから2か月後の2003年7月14日に民事再生法を申請したのですが、最終的には、流通在庫適正化損失34億円、リース契約に係る債務保証損失53億

【図表63　日本コーリンの主要財務数値の推移】　　　　　　　　　　（単位：百万円）

	1999 / 11	2000 / 11	2001 / 11	2002 / 11
売　上　高	10,205	11,760	14,927	20,416
当 期 純 利 益	579	991	2,501	1,499
売上債権残高	4,165	4,979	8,234	10,539
同上回転期間	4.90月	5.08月	6.62月	6.19月
純　資　産	5,758	6,449	7,587	9,569
総　資　産	11,439	11,790	16,495	23,530

円などにより当期純損失は111億円程度になり、2003年5月末には、15億円の債務超過に陥ったとのことです。

　流通在庫適正化損失とは、代理店が抱えた過剰在庫を日本コーリンが引き取る際に生じる損失のことで、好調であった売上は、実は代理店向けの仮売上によるものであったのですが、仮売上が実現に至らずに返品された結果の損失であると考えられます。

　また、リース契約に係る債務保証損失は、リース業者に製品を販売した形にして、裏では、日本コーリンが損失を負担して、いつでも製品を引き取る契約になっていたことが推察できます。これも、結局、リース会社に対する売上が仮売上であったことによることになります。

　この種の操作を見抜くポイントは、代金の回収状況をチェックすることであり、例えばA社の場合は第1四半期に売上債権回転期間が大幅に上昇していることが重要なチェックポイントになると思われます。

　日本コーリンのケースで図表63で2002年11月期に売上債権回転期間が0.43か月も低下しているのは、リース契約に切り替えてリース業者から回収したことによるものと推察されます。

　このことを無視しても、2002年11月末までの3年間に売上債権が64億円も増えていることから、この3年間における売上高の増加分の多くが回収されずに残っていて、最終的には在庫を引き取らざるを得なかったことが推察されます。

　このように、日本コーリンの代理店向けの販売では代金の回収が滞っていたことが、売上債権回転期間の上昇で察知できます。

　リース契約での仮売上は、リース業者に対する保証債務が急増していることから推定できるのですが、日本コーリンではリース業者に対する保証についての情報公開を遅らせていたため、半期報告書や有価証券報告書には注記されておらず、後から修正発表により、それも小出しにして発表されていま

すので、この面からの調査は事実上困難であったと思われます。

日本コーリンにおいても、監査人の指摘に基づき修正がなされた結果、業績の実態が明らかになったのですが、監査人の指摘が遅すぎると思われます。

♣監査人の監査強化の影響

架空売上の計上による粉飾とは違って、仮売上の状態で本売上として計上する粉飾は、見解の相違もあって、監査人でも判定が難しい問題です

財務分析では、四半期情報の分析などにより、ある程度までは見当をつけられるにしても、最終的には監査法人などの判断にまかせるほかないことを前述しましたが、最近、監査法人などの杜撰な監査に対する世間の目が厳しくなった結果、監査法人では監査姿勢を厳しくするようになったようです。

その結果、売上高の先行計上などが阻止されることになるのなら、外部の分析者としては、余計な手続を省略することができますし、決算書の信頼性が向上しますので、財務開示制度にとって、大変好ましいことになります。

♣期初予想値の達成状態を調査してみると

図表64は、A社の売上高と、経常利益の期初における予想値と、期末の実績値と比べて、会社側では期初において、第4四半期への売上高などの集中することを正確に読めていたかどうかを調べたものです。

A社では、初期に中間期と年間についての予想を行っています。年間予想値については、2003年9月期を除き、途中では修正を行っていません。その結果かどうかはわかりませんが、実績は両年ともに予想額を下回っています。

それでも、2004年及び2005年9月期では途中で修正することもなく、実績値にかなり近い数値での予想ができています。

【図表64 A社の売上高・経常利益の期初における予想値と期末実績値の比較】

(単位:百万円)

	期初予想(途中修正額)	実績値
2003年9月期		
中間期	1,195	1,230
通年	3,312 (2,840)	2,827
2004年9月期		
中間期	1,177	1,192
通年	3,518 (3,518)	3,367
2005年9月期		
中間期	967	1,004
通年	3,844 (3,844)	3,490

Q40 販売費及び一般管理費の分析・読むポイントは

Answer Point

♧販売費及び一般管理費（販売管理費）は、固定費の性格が強いのですが、荷造費、運搬費など変動費的な費用もあります。

♧四半期では、科目別の明細までは示されないのが普通なので、四半期単位の分析には限界があります。

♧M＆Aが盛んで、業績が急上昇している企業では、四半期単位でも大きく増えることがありますので、四半期単位の分析が望まれます。

♧リストラによる経費節約で命脈を保っている企業がありますが、永久にリストラを続けられるわけではありませんので、いつ業績回復に転じるかが問題です。

♣販売費及び一般管理費というのは

　販売費及び一般管理費（以下、販売管理費といいます）には固定費が多いのですが、荷造費、運搬費のような変動費的性格の強い費用もあります。

　冬期賞与金の支払いやお歳暮などの支出で12月を含む四半期に膨らむなどの季節性もありますが、四半期情報では、販売管理費の詳しい明細など掲載されないために、これら費用の分別が困難なことが多いと思われます。

　したがって、四半期単位での販売管理費の分析は困難なことが多く、前年同四半期と比べ全体として大きな変動がないか、大きく変動している場合には、原因が推察できるかなどを調べ、年次の調査に先送りすることが多いと思われます。

♣急速に成長（衰退）している企業は四半期ごとの分析が必要

　例えば、楽天のように、急速に業容を伸ばしている企業では、2005年12月期の四半期の間でも、図表65のとおり、増え続けていて、第4四半期は、第1四半期の3.5倍になっています。

　このような企業では、販売管理費についても四半期ごとの分析が必要です。

【図表65　急速に業容を伸ばしている企業の販売管理費】

	第1四半期	第2四半期	第四半期	第4四半期
販売管理費	93億円	115億円	277億円	321億円

♣業績が期ごとに低下を続けている企業についてみると

　構造不況業種に属していて、業績が期ごとに低下を続けている企業については、長期間の四半期データが入手できる企業がみつけられなかったので、建設業の三井住建道路株式会社について、2003年3月期から2006年3月期までの4年間の上・下半期ごとの販売管理費の推移を、図表66で示しました。

【図表66　三井住建道路の売上高・売上原価・販売管理費の推移】　（単位：百万円）

	売上高	売上原価	販売管理費	営業利益	人員数
2002/9上	11,202（100　）	10,858（96.9）	876（100　）	−531	447（100　）
2003/3下	30,261（270.1）	28,637（94.6）	823（93.9）	806	429（96.0）
2003/9上	10,095（90.1）	10,598（105.0）	858（97.9）	−1,362	416（93.1）
2004/3下	29,457（263.0）	28,512（96.8）	917（104.7）	30	538（120.4）
2004/9上	9,792（87.4）	9,762（99.7）	864（98.6）	−834	487（108.9）
2005/3下	24,335（217.2）	22,365（91.9）	720（82.2）	1,250	392（87.7）
2005/9上	8,843（78.9）	8,706（98.5）	758（86.5）	−621	391（87.5）
2006/3下	22,783（203.4）	20,084（88.2）	655（74.8）	1,044	368（82.3）

　図表66の下半各期の数値は、半期間単独の数値に書き換えてあります。右側のカッコ内は、売上高、販売管理費、人員数は2002年9月期上半期の数値を100とした場合の各期の指数であり、売上原価は売上原価率です。

　三井住建道路は、下半期型の企業で、下半期の売上高は上半期の2.5倍から3倍近くになります。上・下半期ともに売上高の減少傾向が続いていて、上半期は3年間に21.1％、下半期は24.7％も減少しています。

　2004年10月に住友建設の子会社住建道路と合併したため、2004年3月下半期には合併効果により売上高も増えているはずですが、その合併効果を打ち消して、この期においても売上高は減少しています。

　リストラにより人員数を継続的に削減していますが、合併のあった2004年3月下半期には一挙に122名も増えています。ただし、リストラ努力により、その1年後には、合併前の人数よりも少なくなっていますし、その後も削減を続けています。

　販売管理費は売上高にも、季節に関係なく、人員にほぼ比例して、半期ごとに低下を続けています。

　三井住建道路では、減収が続く中で、売上原価と販売管理費の削減により、2004年3月期を除いて、何とか営業利益の黒字を維持してきているのが現状のようですが、いつまで人員削減ができるか、その限界が来る前に、売上高が上昇に転じるかに注意する必要があります。

Q41　四半期決算書診断の手法・その読み解き方は

Answer Point

♣ 特に関係の深い取引先については、年次決算書の分析だけでは不十分であり、四半期決算書を入手して四半期分析を行うことが望まれます。診断のサービスを提供することとセットにして四半期決算書の提出を要請することも考えられます。

♣ 四半期決算書を提出する相手先には、こちらも親身になって分析をし、結果をフィードバックして、相手先の経営改善にも役立ててもらいます。

♣ 取引先の業績が悪化して改善見込みが薄いときの引きどきが問題です。

♣ 取引先の財務分析と診断の違いは

　売上債権などの与信が常時発生する取引先については、少なくとも年次決算書程度は入手して、信用状態に変化がないかを調べ、与信の安全性を確認する手続が必要です。

　更に、取引関係が緊密になり、取引高や与信額が増えてきますと、相手先に万一のことがあれば、貸倒れで大きな損失を被りますので、年次決算書による調査だけでは不十分なことが多くなります。

　相手先が、丸抱えの取引先であり、強い影響力を及ぼせるような場合には、子会社並みに、月次決算書を取り寄せて、月次により管理をしたり、時には監査人を送り込んで、会計監査を実施することも必要になります。

　それほどの緊密な関係ではなく、強い影響力を及ぼせる相手でなくても、取引や与信額が相当額に上る取引先については、半期ないしは四半期の決算書を入手して、適時情報により密度の高い分析を行うことが望まれます。

　その際、四半期決算書診断も同時に行って、より高度の分析を可能にするとともに、相手先にも四半期決算書に基づいて、会計処理や経営の助言を行うなどのサービスを提供するのです。

　コンピュータ会計が発達した現在では、上場会社でなくとも、半期、四半期はおろか月次決算書まで作成している企業も多いのですが、それら企業の中には、特に関係の深い取引先には、財務内容をオープンにして、信頼関係を深めるために、四半期決算書の提供に応じる企業もあるでしょう。

　それでも、四半期決算書など作成していない企業が多いと思われますが、

そこそこの規模の取引先に対しては、四半期決算書は自社の経営管理にもぜひ必要であることを説いて、作成に踏み切らせる努力も必要です。取引先とはある意味では一心同体であり、相手先の管理能力の向上が、当方にも重要なことなのです。相手先にとっても、当方が重要な取引先であれば、当方の要請を簡単には断れないことが多いのですが、それでも四半期決算書までは提出してこない取引先が大部分と思われます。

　取引先との取引量が増えて、与信額を増やす必要がある場合などで、相手先の信用状態からみて、与信額を増やすのに不安がある場合などに、取引先と話し合って、四半期決算書の提出を条件に与信額を増やすことを同意するなどのケースが考えられます。こちらの要請に応じてくれない取引先については、いかに重要な得意先であっても、信用リスクが高いとして、取引を断ることも考慮する必要があります。

♣ 四半期決算書まで提供してもらえるような間柄になったときは

　四半期決算書まで提供してもらえるような間柄になると、四半期決算書を入手するごとに、経理の責任者に対して四半期決算書の内容についての質問などができるようになります。四半期ごとに説明会を開いてもらって、両社で問題点の改善策を討議することなども可能になります。このような間柄になってこそ効果的な四半期決算書診断が可能になるのです。

　取引先から四半期決算書を提出させる以上は、当方では四半期決算書を徹底的に分析して、情報を一つ残らず抽出して分析する努力が求められます。そのためには、四半期分析についての十分な知識と経験を持つことが求められます。最初から十分な知識や経験を持っているわけではないでしょうから、相手先での四半期決算書作成の手間や苦労を慮って、分析者の方でも懸命の学習をし、経験をつむ努力が必要です。

　また、取引先には単に情報を提供させるだけでなく、こちらでの分析結果を診断書のようなものに纏めて、取引先にフィードバックするようにしますと、相手先からも喜ばれるし、相互の信頼関係の向上にも役立ちます。

　四半期決算書診断の対象になるのは、四半期決算書の作成が義務づけられていない一般企業が多いと思われます。上場会社では、スタッフも揃っているため、取引先から診断されるのを快しとしない企業が多いでしょう。

♣ 決算書診断の手続は

　決算書診断には、決算書の内容を精査し、財務比率を計算し、過去の実績

値や同業者の数値などと比較、分析して、短所や長所を指摘したり、相手が気がつかないでいる問題点を早期に指摘して、大事に至る前に処置をするよう相手先を促すことが肝心です。

このための手続は通常の分析手続と同じであり、その相手先にだけ実施する特殊な分析手続があれば、それも実施します。

診断だからといって、専門的な手続など特に考える必要はありません。診断の専門家ではないのですから、分析マンとしての意見を書けばよいのです。

それを、妙に気取って、いかにも診断書のような体裁を整えようとしても、所詮は素人ですからといって、馬脚を現してしまいます。

通常の分析手続と違う点は、できる限り相手先にも出かけて、現場の関係者の話を聞いたり、時には討議を行うことも必要になることです。

このような手続によって、単なる推測ではない、相手先の実態とニーズを踏まえたより実現性の高い的を射た診断ができるようになります。

♣ 診断にあたっての心得

診断の対象は、会計処理や、財務に関する事項が中心なるでしょう。素人が生半可な知識を操って専門家ぶっても、相手の方が専門家なのですから、相手先を納得させられる意見など出せないでしょうし、"生兵法は怪我のもと"です。

財務や会計処理だけなら、相手にも専門家がいるから、診断の意味がないと考える人がいるでしょうが、"灯台元暗らし"で自分のことはよくわかっていないことが多いのです。他人だからこそ気づくようなこともあります。

それに、相手先だけでなく、多数の同様な取引先とも取引をしていますので、業界の動きや、新商品のことなどについて、相手先よりも広い知識をもっていたり、より高い次元で物事を判断できる立場にあることが多いと思われます。このような情報を基盤に広い見地から診断を行えば、相手先に喜んでもらえる診断を行うことも可能になります。

♣ 引きどきの難しさ

相手先が経営危機に陥ったときの対応が問題になります。

相手先では何とか生き延びようとして、こちらに支援を求めてくるでしょうし、こちらでも、不良債権の発生を恐れ、あるいは大事な得意先を失うのが嫌さに、支援により何とか立ち直らせたい気持ちになります。

子会社などと違って、単なる取引先なら、いくら関係が緊密になっても、

損得のそろばんを弾くことが肝心です。

　四半期決算書まで提出して、財務内容をすべてさらけ出しているのですから、経営内容が悪化したからといって、すぐに逃げ出すのは卑怯ではないかということになります。

　相手先では、自社がそれほど悪い状態にあるとは認識しておらず、どこから資金支援をしてくれれば、立ち直ることが可能とみていることが多いのです。

　こちらは通常の取引関係と割り切って、再生の見込みがないと判断したら、相手先を説得して、最善の収拾策を検討すべきです。これこそ最重要な診断になります。

　診断書に盛り込むべき事項の例を示すと、図表67のとおりです。

【図表67　四半期決算書診断書の様式例】

	○年○月（第1四半期）	○年○月（第2四半期）	
1．財務諸表列記表 　(1)　貸借対照表（要約） 　(2)　損益計算書（要約）			
2．財務比率表 　(1)　成長性諸比率 　　　前期比伸び率 　　　・・・ 　(2)　収益性諸比率 　　　売上高売上総利益率 　　　・・・ 　(3)　安全性諸比率 　　　自己資本比率 　　　・・・ 　(4)　効率性諸比率 　　　総資産回転期間 　　　・・・ 　(5)　その他比率 　　　・・・			
3．問題点			
4．改善策			
5．改善された点			

Q42 四半期決算書による粉飾発見法は

Answer Point

♣ 原則的には年次分析と同じですが、四半期情報の利点を生かした分析を進めます。
♣ 異常な変化、異常な現象に注意します。
♣ その期で結論を出せない場合には、次の四半期の分析に先送りします。

♣ **通常の財務分析の手法を適用する**

　四半期分析においても、粉飾発見のための特別な妙手のようなものがあるわけでなく、これまでの各Qで説明してきた四半期情報の利点を生かした分析を行うのです。

　四半期分析の特徴は、図表68のとおりですが、四半期決算書による粉飾発見の極意は、これらの特徴を効果的に利用することです。

【図表68　四半期分析の特徴】

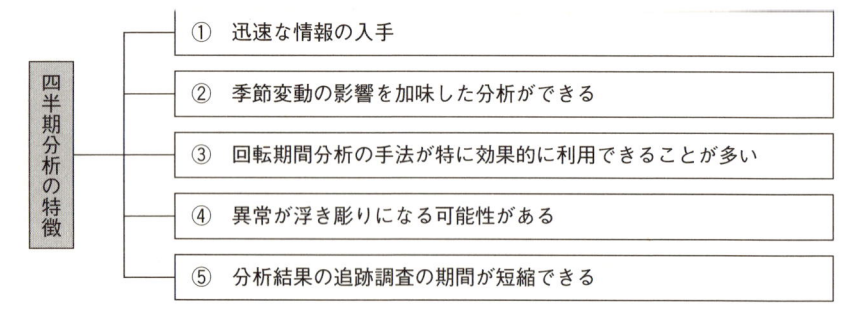

四半期分析の特徴
① 迅速な情報の入手
② 季節変動の影響を加味した分析ができる
③ 回転期間分析の手法が特に効果的に利用できることが多い
④ 異常が浮き彫りになる可能性がある
⑤ 分析結果の追跡調査の期間が短縮できる

♣ **迅速性を生かす**

　まず、図表68の①の特徴を生かして早い段階で粉飾の発見に努めます。例えば、3月決算の会社について10月に行われた粉飾は、本来なら、年次決算においてしか発見できないのですが、四半期決算書による分析では、3か月早く、第3四半期の決算書分析で発見できる可能性があります。

♣ **季節変動の影響を考慮した分析を行う**

　季節変動の影響を考慮した分析法とは、季節変動が激しい企業であっても、

年次決算書しか入手できない場合には、季節ごとに業績や財政状態などが大きく変動するときでも、年度末の状態でしか分析できないことになります。

年次決算書だけによる分析は、地球から月面を観察して、月で起きている現象を知ろうとするようなもので、地球からはみえない裏面で異常が発生していても、発見の術がありません。

四半期決算書は、月の表面や裏面のみならず、月の北極や南極の方向からも観察して、どの地点で発生した異常であっても、最適の角度から観測することを可能にする情報です。

例えば、年度末に売上高の先行計上を行うと、第1四半期の売上高が異常に減少することが多いのですが、年次決算書では、第1四半期における異常はわかりませんので、先行計上の事実は発見できないなどです。

♣ 回転期間を利用する

粉飾発見には回転期間の利用が効果的であることは、各Qで説明したとおりですが、この際には、分母の売上高は当該四半期の単独値によるべきです。

分子の各項目の金額には、期首と期末の残高の平均値を用いることがありますが、粉飾発見には期末残高を用いるべきです。

♣ 分析結果の追跡調査の期間短縮ができる

財務分析では、異常が発見されても、その場で直ちに粉飾であるとの結論を下せないのが普通です。正常であっても、たまたまの事情で異常にみえることがありますし、逆の場合もあります。

このような場合、調査先に直接質問をして確かめるのがよいのですが、調査先に質問をしても、粉飾については本当のことなど教えてくれませんから、質問など無意味なことが多いのです。結論を先送りして、次の四半期でも同じような異常が続いていることなどで、粉飾の判断をするしかありません。

次の決算期までの期間が短すぎても、正常なのに異常にみえる現象が解消されませんので、追跡調査が無駄になることが多いのですが、3か月という期間は、売上債権や、棚卸資産などが1回転するのに十分な期間であるのが普通なので、流動性勘定の追跡調査には、適当な期間であるということができます。

♣ 倒産会社ゼクーの四半期分析でわかることは

図表69は、居酒屋チェーン「とりあえず吾平」を経営する株式会社ゼクー

の2004年及び2005年3月期の2年間の四半期の主な数値を列記したものです。ゼクーは、2003年2月にマザーズに上場したのですが、社長の交代、監査役の解任や、監査法人の交代などが相次ぎ混乱が続き、2005年6月2日に東京地裁に準自己破産を申請して、同日受理されました。

2005年3月期第3四半期までの決算書を公開していますが、2005年3月期有価証券報告書は公開していません。

同社では、特に顕著な季節性はみられません。2年間を通じて56％前後の売上原価率を維持していて、売上総利益までの段階では、2005年3月期第3四半期までは順調のようにみえます。

2005年第2四半期には営業外費用として65百万円のＣＩ費用を計上したことなどで、単独経常損益が126百万円の赤字になり、同年第3四半期には販売費及び一般管理費の急増により、単独経常損益が322百万円の赤字になった結果、2005年3月期第3四半期の累計経常損失は448百万円に達していますが、純資産の金額から考えて、この段階では倒産など予想できません。

ただ、総資産が2005年3月期に入ってから四半期ごとに大幅に増加を続けているのが目につきます。

2005年3月期中間貸借対照表によると、前期末には残高がなかった前渡金に1,394百万円、有形固定資産の土地に2,030百万円の残高が突然発生しています。資金を他の目的に流用して、架空資産に隠したことなどが考えられます。

資産の急膨張が倒産予知のカギになっています。

【図表69　ゼクーの連結四半期ごと主要経営指標の推移】　　　（単位：百万円）

	04/3 Ⅰ	Ⅱ	Ⅲ	Ⅳ	05/3 Ⅰ	Ⅱ	Ⅲ
売上高（累計）	1,353	2,888	4,263	5,595	1,220	2,651	3,993
（単独）	1,353	1,535	1,375	1,332	1,220	1,431	1,342
売上原価（累計）	747	1,607	2,387	3,137	695	1,507	2,268
（単独）	747	860	780	750	695	812	761
原価率（単独）	55.2	56.0	56.7	56.3	57.0	56.7	56.7
販管費（累計）	604	1,161	1,672	2,170	502	1,142	1,954
（単独）	604	557	511	498	502	640	812
営業利益（累計）	2	119	204	288	22	2	−229
経常利益（累計）	−1	106	185	216	−12	−126	−448
純資産	1,168	1,190	1,198	1,290	2,228	3,486	4,020
総資産	4,023	3,883	3,738	3,580	4,355	6,719	6,294

Q43 回転期間分析を読むポイントは

Answer Point

♣売上債権のような流動性の科目については、四半期売上高により回転期間を計算するほうが正確な結果がえられます。

♣回転期間分析によりますと、A社の各年度の第1四半期における売上債権回転期間は非常に長いのですが、長いだけでは異常と断定できないところに財務分析の限界があります。

♣A社の場合、仕入高などについての情報不足のために、仕入債務などについての回転期間分析の利用価値には限界があります。

♠年次売上高と四半期売上高による回転期間の計算

ここでは、これまでに何回か取り上げたA社の例について、主に、売上債権回転期間の検討をします。

図表71は、A社の各年次売上高と各年度末売上債権残高により回転期間を計算したものです。各年度とも、図表70の算式により3月中間期売上高と中間期末の売上債権残高により計算したものです。

【図表70 売上債権回転期間の計算式】

売上債権回転期間＝（中間期末売上債権残高 ÷ 中間期売上高）× 6か月

どちらの場合も、4.99か月から7.55か月の間の期間で推移しており、傾向としては回転期間が上昇傾向にあることが読み取れます。

【図表71 A社の年次（半年）売上高による売上債権回転期間の推移】

	売上高	売上債権残高	回転期間
2002年3月中間期	746百万円	737百万円	5.93月
2002年9月期	2,448	1,018	4.99
2003年3月中間期	1,230	1,202	5.86
2003年9月期	2,827	1,441	6.12
2004年3月中間期	1,192	1,299	6.54
2004年9月期	3,367	2,013	7.17
2005年3月中間期	1,004	926	5.53
2005年9月期	3,490	2,197	7.55
2006年3月中間期	1,122	1,265	6.76

♣ 四半期売上高による回転期間の変動を読む

次に、四半期売上高と四半期松残高による回転期間の変動を調べてみます。図表72は、四半期売上高と四半期末売上債権残高により売上債権回転期間を計算したものです。

なお、売上高により計算した仕入債務回転期間の推移も記載してあります。

【図表72　A社の四半期情報による売上債権回転期間の推移】

		売上高	売上債権	同回転期間	仕入債務	同回転期間
2002/9	I	61百万円	526百万円	25.9月	184百万円	9.0月
	II	685	737	3.2	296	1.3
	III	506	458	2.7	228	1.4
	IV	1,196	1,018	2.6	417	1.0
2003/9	I	193	700	10.9	467	7.3
	II	1,037	1,202	3.5	516	1.5
	III	121	216	5.4	94	2.3
	IV	1,476	1,441	2.9	404	0.8
2004/9	I	207	1,009	14.6	172	2.5
	II	985	1,299	4.0	361	1.1
	III	368	407	3.3	152	1.2
	IV	1,807	2,013	3.3	884	1.5
2005/9	I	220	585	8.0	201	2.7
	II	784	926	3.5	312	1.2
	III	251	486	5.8	121	1.4
	IV	2,235	2,197	2.9	1,154	1.5
2006/9	I	176	1,476	25.2	536	9.1
	II	946	1,265	4.0	598	1.9

まず売上債権の回転期間は、第1四半期が著しく高くて、それも年度によるバラツキが大きいのが目につきます。他の四半期では、おおむね3か月前後の回転期間で推移していますが、第3四半期には年度により5か月程度の期間になることがあります。

第1四半期に回転期間が大幅に上昇するのは、次のような理由によることが推察されます。

A社では、毎年度、第4四半期に売上高が大幅に増加し、次の第1四半期には激減することから、年度末の第4四半期に次の第1四半期の売上高を先行計上しているパターンになっていることをQ8で指摘したのですが、回転期間でも同様のパターンになっています。

他の四半期の回転期間から、A社の売上債権の正常回転期間は3か月前後と考えられます。年次売上高による6〜8か月という回転期間は、年度末に売上高が急増して年度末の売上債権残高が急増する事情を考えますと、過大に計算されています。

♣年度末に売上高が急増し次の四半期に激減する傾向が拡大

年度ごとに回転期間が上昇傾向にあることから、年度末に売上高が急増し、次の四半期に激減する傾向が拡大していることが推察されます。

回転期間が3か月ということは、売上債権の回収期間が3か月程度であり、売上債権残高の大部分は3か月程度で入れ替わることを意味します。

もし、そうだとしますと、各四半期末の売上債権は、その四半期3か月間の売上高に近い金額の残高になるはずです。他の四半期では、ほぼこのとおりになっているのですが、第1四半期だけが、売上債権残高が売上高よりも大幅に多くなっています。

これは、前の第4四半期末の売上債権の残高には、次の第1四半期中に回収されないものが多く、回収期間が3か月以上のものが多かったことを意味します。

♣第1四半期に売上債権回転期間が大幅に上昇する

例えば、2006年9月期第1四半期末の売上債権残高は1,476百万円であり、想定どおり第1四半期末には当該第1四半期の売上高に近い金額が残高になるのが正常であるとしますと、この期末の残高は正常値である176百万円を1,300百万円だけ上回っています。

つまり、この第1四半期には本来なら当四半期中に回収されるべき前第4四半期の売上債権残高のうち、1,300百万円が回収されずに更に次の第四半期に持ち越されたことになります。1,300百万円は、前第4四半期末売上債権残高2,197百万円の59.2%にあたります。

回転期間の推定値3か月が正しいとしても、売上債権残高のすべてが3か月後に回収されるというわけではありません。回転期間3か月というのは平均して3か月ということであり、中には回収に4か月かかるものもあれば、2か月で回収されるものもあって、平均して3か月になるということです。

したがって、第4四半期末の売上債権残高には、次の第1四半期に回収されないものがあって当然なのですが、59.2%は異常に多すぎるのでないかということなのです。

理屈上は、これもありえないことではありません。例えば、A社と得意先との間で、毎月20日に締め切って、20日までの売上高は、締切後3か月後に現金で支払う約束になっていたとした場合、第4四半期には売上は9月20日以降に集中し、当四半期中の売上高の59.2％が期末の10日間に集中するときは、第4四半期末の売上債権残高の59.2％が次の第1四半期末においても回収されずに次の四半期に繰越されることになります。

　事務処理の都合で、第1・3四半期については20日で売上計上を打ち切って、21日以降の分は翌四半期に先送りする簡便法を採用していたとしたら、他の四半期では異常が現れません。

　あるいは、第1・3四半期には、期末に無理をして代理店に売上を計上しないということかもしれません。第1と第3四半期末に棚卸資産残高が増えるのは、このせいかもしれません。

　A社のような売上債権回転期間のパターンが、理屈上はありえないことではないにしても、少し極端過ぎますので、前の第4四半期に売上高の先行計上があったと見るほうが自然だということなのです。

　第3四半期にも回転期間が上昇することが多いのも、中間期の第2四半期に、次の第3四半期の売上高の先行計上をするからと推定しますと辻褄があいます。

♣年次分析法と四半期分析法

　年次売上高で回転期間を計算しますと、A社のように年度末に売上高が集中する企業では、年次売上高に比べて年度末の売上債権残高が多いために、実態よりも長く計算される可能性があります。

　中間期においても同じような現象が起こりますので、半期売上高で計算した場合にも同様の現象が起こります。

　A社の場合、半期や年次売上高による計算では、売上債権回転期間は5～8か月と推定されますが、四半期売上高では、3か月前後と推定され、3か月前後がより実態に近いと考えられます。

♣仕入債務回転期間の変動を読む

　仕入債務回転期間についても、第1四半期に大幅に上昇することがありますが、その他の四半期では、おおむね1か月前後で変動しています。

　ただ、仕入債務に対応するのは、材料費が主であると考えられますが、売上高に占める材料費率は、年度ごとに20％から40％程度の範囲で大きく変動

しています。

　最大の年度でも40％程度ですから、売上高で計算する回転期間は実際の支払期間からは大きくかけ離れている可能性があります。

　それに四半期ごとの在庫の変動が激しいし、材料費などの明細は年次決算でしかわからないために、四半期での仕入高の推定が不可能であることから、四半期ごとの仕入高による回転期間の計算もできません。

　A社の場合、売上債権以外の科目については、回転期間分析の効果が低いということもできます。

♣ **棚卸資産の回転期間計算でわかることは**

　棚卸資産についても、回転期間は、棚卸資産期末残高を売上高で割って計算するのが普通ですが、この方法では、棚卸資産を売上高の何か月分（あるいは何日分）保有しているかがわかるだけです。

　原材料が製造過程に投入されるまでにどのくらいの期間がかかるか、製商品が販売までに何か月（あるいは何日）かかるかをみるには、仕入高や当期製造費用などによる必要があります。

　商品の場合には、仕入高は比較的簡単にわかりますので、仕入高による回転期間の計算には大きな支障がないのですが、製造業者の原材料や仕掛品、製品の場合には、計算が困難なことが多くなります。

　原材料については、製造費用中の原材料費から、原材料仕入高を推定することになります。原材料費に原材料在庫増減高を加減して原材料仕入高を推定するのですが、年次決算書以外では、製造費用の内訳まで公開しないことが多く、原材料費などわからないことが多いのです。

　仕掛品や製品の回転期間は、それぞれの製造原価に在庫増減高を加減して当期製造費用を推定しますが、年次決算書以外では、棚卸資産は棚卸資産一本で表示され、仕掛品や製品の残高はわからないのが普通ですので、厳密な回転期間の計算は困難なのが普通です。

　ただ、売上高による回転期間でも、それなりの利用価値はあります。売上高は規模をあらわす尺度でもありますので、何か月分の在庫を保有しているかをみることは、規模に適した在庫量かどうかをみるのに役立ちます。

　売上高による製品回転期間を、売上高製造原価率で割って、製造費用による回転期間の概算値に換算することもできます。また、長い目でみますと、在庫量も売上高に比例して増減することが多いので、長期間にわたって棚卸資産回転期間が増加するのは、不良在庫の存在を示すことが多いのです。

Q44 時系列分析を読むポイントは

Answer Point

♧時系列分析により変動のパターンを調べます。
♧パターンの変動状況から、将来の趨勢を予想します。
♧各四半期における業績進行状況を、期初における予想値とパターンとを総合して当期の業績が順調に進行しているかを調べます。

♣時系列分析によりパターンを推定

　過去の四半期決算書の分析により、四半期ごとの変動のパターンがわかりますと、調査対象四半期の実績値と比べることにより、異常な動きがないかを調べることができます。

　また、パターンは変化することもありますので、過去からのパターンの変化に、最近期の実績も含めて観察することにより、パターンの変化が常識的に納得できるものか、問題を含んだものでないか、パターンがよい方向に向かって変化しているかなどを調べます。

　また、変動のパターンを他社のパターンとも比べてみて、パターンに異常なところがないかを調べます。

　A社のケースで、第1四半期に売上高が激減し、売上債権回転期間が急上昇する現象が観察されましたが、時系列分析により、このパターンが年度ごとに拡大されている傾向がみられることから、年度末における売上高先行計上の疑いがますます濃厚に感じられますし、先行計上の規模が年度ごとにエスカレートしていることが推察されます。

　しかし、特殊な場合には、正常状態でも当社のパターンのような動きをすることもあるため、先行計上とは断定できないことも指摘しました。

　A社のケースについては、監査人との間に売上計上基準をめぐって意見が対立し、結局、会社側が監査人を替えることによって、問題の解決を先送りしています。

　2006年3月の半期報告書では、新監査人は監査報告書に適正意見を記載していますが、代理店向け売上を新監査人が適正な売上と認めたのか、あるいは、中間期には代理店向けに販売したが、最終需要家には未販売のものがなかったのかのどちらであるのかがわかりませんので、最終結論がわかるのは

2007年9月期第1四半期までお預けになる可能性もあります。

♣将来の趨勢をみるためにも時系列分析が必要

　将来の予測には、企業の過去の実績を時系列で比較して、上昇期と下降期のパターンを慎重に観察し、検討することによって、将来の趨勢までもが読める可能性もあります。

　四半期ごとの時系列分析では、A社について述べたQ8の図表15の推移表の利用が役立つと考えますが、図表15を四半期ごとの累計値の年次推移を示したのが図表73です。

【図表73　A社の各四半期累計値による売上高年次推移】　　　　　　（単位：百万円）

	2002／9	2003／9	2004／9	2005／9	2006／9
第1四半期	61	193	207	220	176
第2四半期	746	1,230	1,192	1,004	1,122
第3四半期	1,252	1,351	1,560	1,255	1,410
第4四半期	2,448	2,827	3,367	3,490	

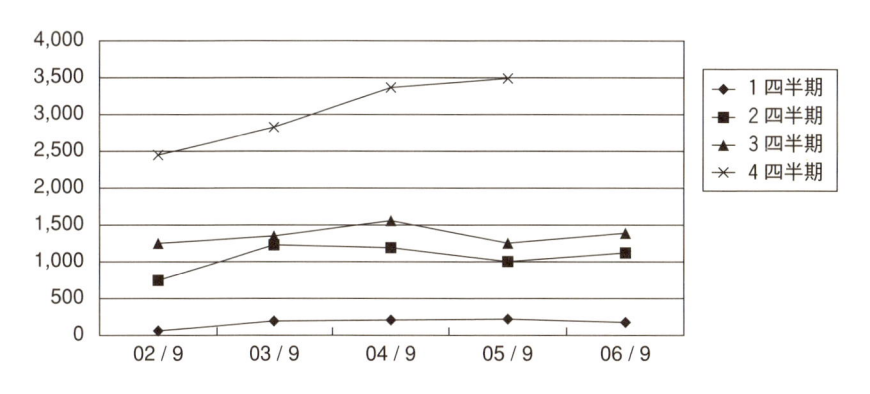

　図表15では、四半期ごとの単独値が、第4四半期を除いて、他の四半期では年次ごとに下降傾向にあることがわかったのですが、図表73では、第2・3四半期における累計値は2003年9月期をピークに低下傾向にあり、2006年9月期に上昇に転じたのは、旧監査法人からの売上計上時期についての指摘があったことに関係があるのかもしれません。

　第3四半期累計値についても、2005年9月期には2002年9月期の水準にまで低下しているのに、第4四半期累計値は上昇を続けているのは、第4四半期単独の売上高が年次ごとに増加を続けていることを示しています。

　A社のように四半期ごとの売上高の変動が激しい企業については、各四半

期ごとの単独値の時系列の比較に際しては、移動平均値を取るのも一つの方法です。

図表74は、売上高と経常利益について、4四半期間の移動平均値を計算したものです。本来なら移動平均値は、中間月に対応させるのですが、図表74では最終月に対応させています。

また、売上高について、単独売上高と移動平均値をグラフで示しました。

【図表74　A社の移動平均値による四半期単独値と移動平均値の推移】（単位：百万円）

		売　上　高		経　常　利　益	
		単独値	移動平均値	単独値	移動平均値
2002/3	I	61		−149	
	II	685		75	
	III	506		−42	
	IV	1,196	612	317	50.25
2003/3	I	193	645	−175	43.75
	II	1,037	733	79	44.75
	III	121	636.75	−154	16.75
	IV	1,475	706.5	501	62.75
2004/3	I	207	710	−130	74
	II	985	697	2	54.75
	III	368	758.75	−96	69.25
	IV	1,807	841.75	500	69
2005/3	I	220	845	−144	65.5
	II	784	794.75	−97	40.75
	III	251	765.5	−77	45.5
	IV	2,235	872.5	633	78.75
2006/3	I	176	861.5	−321	34.5
	II	845	876.75	−163	18

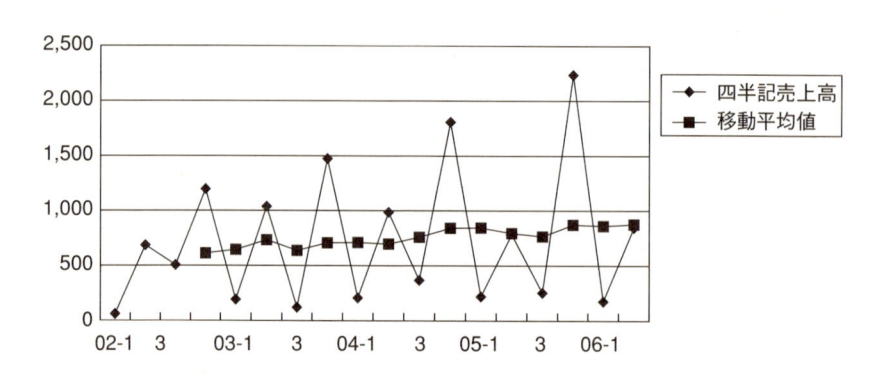

Q45 四半期ごと変動パターン分析を読むポイントは

Answer Point

♣ 紳士服専門店のAOKIホールディングスを取り上げます。
♣ 下半期に売上高が増加する下半期型の企業です。
♣ 上・下半期では、3要素に季節性の影響が顕著に現れますが、四半期ではそれほど規則的なパターンはみられません。

♣ 下半期型の業績パターン

　ここでは、これまでに度々取り上げた紳士服専門店大手の株式会社AOKIホールディングスについてみることにします。

　図表75は、同社の2003年3月期から2006年3月期までの売上高、経常利益及び当期純利益を、上半期と下半期に分けてその推移を示した表です。

　同社は、3月決算の会社ですが、紳士服販売では、防寒着が加わるし、スーツなどの金額も張る冬季を含む下半期のほうが上半期より売上高が多く、利益も売上高に応じて、下半期のほうが圧倒的に多いことがわかります。

【図表75　AOKIの上・下半期別業績推移】　　　　　　　　　　　（単位：百万円）

	2003 / 3	2004 / 3	2005 / 3	2006 / 3
売上高				
上半期	33,310	37,613	42,035	48,135
下半期	40,804	51,462	50,837	58,551
経常利益				
上半期	824	1,357	2,164	3,453
下半期	3,453	5,266	5,644	7,657
当期純利益				
上半期	112	375	1,358	492
下半期	1,109	2,521	1,770	4,939

　同社では、2005年3月期以降四半期決算書を開示していますので、図表76で、四半期ごとの売上高推移を示しました。

♣ 第1四半期からでは中→小→大→中のパターン

　2年間の実績値だけでは不十分ですが、図表76によりますと、四半期では、

【図表76　AOKIの四半期ごと売上高推移】　　　　　　　　（単位：百万円）

	2005 / 3	2006 / 3
1 四 半 期	24,907	27,438
2 四 半 期	17,128	20,697
3 四 半 期	26,344	31,473
4 四 半 期	24,493	27,078

　第1四半期に小さな山ができ、第3四半期に本格的な山ができて、ピークが2度来るパターンになっていて、第1四半期からでは、中→小→大→中のパターンになっています。

　夏季の6〜9月には、売上高は最低になり、冬物の販売がピークに達する10〜12月期には、売上高がピークに達するパターンは常識的にも納得できます。

♣要素総合残高の動きはほぼパターンどおりで正常

　図表77は、2003年3月期から2006年3月期までの、3要素とその総合残高の上・下半期の推移を示したものです。

【図表77　AOKIの上・下半期ごとの3要素総合残高推移】　　（単位：百万円）

	売上高	売上債権	卸資産	仕入債務	3要素総合	資金収支パターン
2003/4上半期	33,310	1,525	13,366	10,160	4,731	
下半期	40,834	2,966	12,294	12,081	3,179	
増減		+1,441	−1,071	+1,921	−1,552	プラス
2004/3上半期	37,613	1,556	14,333	11,671	4,218	
増減		−1,410	+2,039	−410	+1,039	マイナス
下半期	51,462	3,049	13,201	12,651	3,599	
増減		+1,493	−1,132	+980	−619	プラス
2005/3上半期	42,035	1,317	13,584	9,751	5,150	
増減		−1,732	+383	−2,900	+1,551	マイナス
下半期	50,835	2,998	12,880	11,410	4,468	
増減		+1,681	−704	+1,659	−682	プラス
2006/3上半期	48,135	1,493	14,118	11,487	4,124	
増減		−1,505	+1,238	+77	−344	マイナス
下半期	58,551	3,803	14,157	13,862	4,098	
増減		+2,310	+39	+2,375	−26	プラス

　図表77では、下半期の下に、前半期との増減を記載していますが、3要素総合残高のプラスは資金収支ではマイナスになりますし、マイナスは資金収支ではプラスになります。

同社では、3要素総合残高がプラス｛(売上債権＋棚卸資産)＞仕入債務｝になっていることから、支払先行型の企業のようにみえますが、3要素総合残高の増減をみますと、売上高が増加する期間には3要素総合残高が減少し、売上高が減少する期間には同総合残高が増加していることから、実際には回収先行型のパターンになっています。

同社では、店頭での現金引換販売が中心ですから、売上債権は少なく、本来は回収先行型企業なのです。それが棚卸資産が多いために、形のうえでは支払先行型になっていますが、棚卸資産は、売上高の増減に伴って増減するのでなく、独自の動きをしているため、3要素ではなく、売上債権－仕入債務の2要素総合残高をとるのが適当なのです。

回収先行型としますと、売上高が減少する上半期の3要素による資金収支はマイナスになり、売上高が増加する下半期にはプラスになることが推察されます。

図表77で3要素総合残高の増減高と資金収支のプラス・マイナスは、符号が反対になるのが正常です。両者を比べてみますと、2006年3月期上半期を除いて、すべての期間で3要素総合残高増減値は資金収支の符号と反対になっていて、パターンに一致します。

2006年3月期上半期がパターンと違った動きをしているのは、売上高が全体として増加基調にありますが、前下半期と比べて、この半期には売上高は僅かではありますが減っていて、仕入債務が本来なら減少するべきところを、逆に、何らかの事情でプラスになっていることが原因で、この期間だけの特殊事情によると考えられます。

上下半期でみる限り、3要素総合残高の動きはほぼパターンどおりで、正常であったことが推察されます。

♣ **四半期ごとの3要素総合残高の増減と資金収支のパターンを比べてみると**

次に、四半期決算書が公開されている2005年と2006年3月期について、図表78により、四半期ごとの3要素総合残高の増減と、資金収支のパターンとを比べてみます。

売上高の第1四半期から第4四半期までのパターンは、中→小→大→中のパターンとなっています。ただし、第1四半期はその前の第4四半期と比べて、ほとんど差がありませんし、第4四半期も第3四半期と比べて差異はわずかですので、この2四半期については、3要素総合残高には顕著なパターンは認められないことが予想されます。

したがって、第2四半期と、第4四半期とが、売上高の増減の影響により第2四半期には資金収支はマイナス（3要素総合残高の増減ではプラス）になり、第3四半期には資金収支がプラスになることが推察されます。

【図表78　AOKIの四半期ごとの3要素総合残高推移表】　　　　（単位：百万円）

	売上高	売上債権	棚卸資産	仕入債務	3要素総合	増減	パターン
2005／3							
1四半期	24,909	4,142	14,088	12,970	5,260（0.6）		
2四半期	17,126	1,317	13,584	9,751	5,150（0.9）	−110	マイナス
3四半期	26,344	3,463	14,976	13,383	5,056（0.6）	−94	プラス
4四半期	24,491	2,998	12,880	11,410	4,468（0.5）	−588	中性
2006／3							
1四半期	27,438	4,552	13,295	12,812	5,035（0.6）	＋567	中性
2四半期	20,697	1,493	14,118	11,487	4,124（0.6）	−911	マイナス
3四半期	31,472	3,979	15,486	15,909	3,556（0.3）	−568	プラス
4四半期	27,079	3,803	14,157	13,862	4,098（0.5）	＋542	中性
2007／3							
1四半期	28,376	4,701	15,608	14,767	5,542（0.6）	＋1,444	プラス

　図表78の結果では、四半期ごとの3要素総合残高と、売上高増減に伴う資金収支の理論パターンとの間の相関関係が少ないことがわかります。

　これは、3要素の中では棚卸資産が売上高との相関関係が少なく、かく乱要因になっていることと、四半期では3要素は少しの異常要因にも左右されて、バラツキが大きくなることによるのかもしれません。

　AOKIでは、季節変動の幅がそれ程大きくありませんので、四半期パターン分析の対象としては不適切なのかもしれませんが、今後、入手できるデータの期間が増えた段階で、棚卸資産の変動のパターンを詳しく調べることにより、売上高変動に伴う3要素総合残高の変動パターンを厳密に定義できれば、四半期によるパターン分析の精度の高まることが期待できます。

　季節性の影響を大きく受ける業種に建設業がありますが、建設業では、2006年3月期までのところでは、四半期決算書どころか、四半期ごとの売上高や経常・当期純利益すら公開していません。

　その意味では、現状では、四半期パターン分析は時期尚早の感がありますが、建設業でも2007年3月期第1四半期から一斉に四半期決算書の公開に踏みっていますので、2〜3年後には建設業についてもかなりのデータが蓄積されることが期待できます。それまでは、四半期パターン分析は準備段階にあるということもできます。

Q46 同業他社との比較分析を読むポイントは

Answer Point

♣ ゴーン社長のもとで目覚しい復活を遂げた自動車メーカーの日産自動車を、同業のトヨタ自動車・本田技研工業と比較します。

♣ 日産では業績面での回復が目覚しく、2006年3月期の実績では他の2社と比較しても遜色はありません。

♣ ただ、財政状態では他社に比べ見劣りします。また、最近、業績低迷が囁かれていますので、将来の趨勢予想を四半期分析で試みます。

♣ 日産では、最近業績面でも翳りが見え始めたといいますが、2006年3月期までのところでは、営業利益率の低下以外では、ホンダとの比較で目立った下降傾向の兆候がみえず、今後の四半期以降の業績推移に注意する必要があります。

♣ 売上高経常利益率が2005年3月期から低下が続いている日産自動車

　ゴーン社長のもとで目覚しい復活を遂げた日産自動車を、同業のトヨタ自動車・本田技研工業（以下、トヨタ、ホンダといいます）と比較します。

　図表79は、1999年3月期から2006年3月期までの日産自動車の売上高、経常利益に、キャッシュフローの利益要素の推移を示したものです。経常利益の右側に売上高経常利益率も記載してあります。経常利益と利益要素の推移をグラフにしたのが図表80です。

　日産では、一時経営危機に陥りましたが、1999年3月にルノーと資本提携を含む提携契約を締結し、1999年6月にゴーン社長が就任してから急速に業績が回復し、2000年3月期に比べて2006年3月期には売上高は43.2％増の9兆4,283億円に、経常利益は赤字から8,459億円の黒字を計上しています。

　ただ、経常利益が2006年3月期に前年度に比べ僅かではあるものの、減少していますし、売上高経常利益率が2005年3月期から低下が続いています。

♣ 3社の業績及び財務の主要数値比較

　図表81は、日産自動車、トヨタ、ホンダの3社について、2006年3月期における業績及び財務の主要数値について比較したものです。図表82は、3社の売上高の推移をグラフにしたものです。

　業績面では、最近、停滞が噂されているものの、日産の売上高の最近3年

【図表79　日産自動車の業績推移】　　　　　　　　　　　　（単位：10億円）

	売上高	経常利益	経常利益率	利益要素
1999/3	6,580	24	0.37	397
2000/3	5,977	－2	－0.03	147
2001/3	6,090	282	4.64	529
2002/3	6,196	415	6.69	691
2003/3	6,829	710	10.40	927
2004/3	7,429	810	10.90	1,149
2005/3	8,576	856	9.98	1,113
2006/3	9,428	846	8.97	1,234

【図表80　日産の経常利益・利益要素の推移】

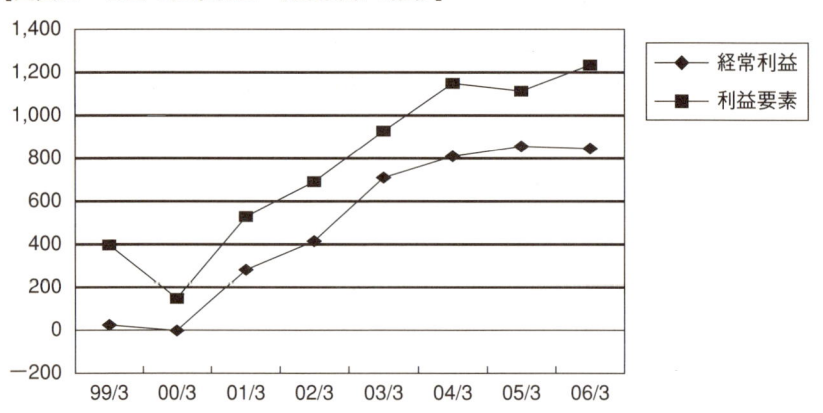

間の伸び率は3社中最大ですし、営業利益率についても、最近低下傾向にあるものの、2006年3月現在では3社では最高です。

　以上から、業績面ではトヨタ、ホンダと肩を並べるところまできていることと推察されます。

　財務状態では、自己資本比率が他の2社に比べ見劣りしますし、借入金依存度がやや高めで、財政状態で他の2社に比べまだ脆弱であるのは否定できませんが、一時、実質的には債務超過に近い状態に陥ったことを考えますと、短期間にここまできたのは驚異的であるともいえます。

　ただ、最近の停滞傾向について、もう少し詳しくみるために、2004年3月期以降の業績についての四半期ごとの推移により、他の2社とも比較、検討をします。

　なお、トヨタとホンダは米国会計基準により連結財務諸表を作成していて、

経常利益は表示されていませんので、図表82では経常利益の代わりに営業利益を採用しています。

【図表81　自動車メーカー3社の業績・財務主要項目比較(2006年3月期による)】 (単位：10億円)

	日産	トヨタ	ホンダ
売上高	9,428	21,037	9,908
営業利益	872	1,878	869
当期純利益	518	1,372	597
総資産	11,481	28,732	10,572
純資産	3,088	10,560	4,126
借入金	4,498	10,397	3,230
販売金融債権	3,589	8,328	4,213
売上債権	489	1,981	963
棚卸資産	856	1,621	1,036
有形固定資産	5,459	7,067	1,815
(財務比率)			
売上高増減率	138.1	131.4	124.3
売上高営業利益率	9.24%	8.93%	8.77%
売上高当期利益率	5.50%	6.52%	6.03%
自己資本比率	26.9 %	36.8 %	39.0 %
借入金依存度	39.1 %	36.2 %	30.6 %
回転期間			
総資産	14.6月	16.4月	12.8月
販売金融債権	4.6月	4.8月	5.1月
売上債権	0.6月	1.1月	1.2月
棚卸資産	1.1月	0.9月	1.3月
有形固定資産	7.0月	4.0月	2.2月

注）売上高増減率は2006年3月期の売上高を2003年3月期の売上高で割って100倍したものです。

【図表82　自動車メーカー3社の売上高推移】

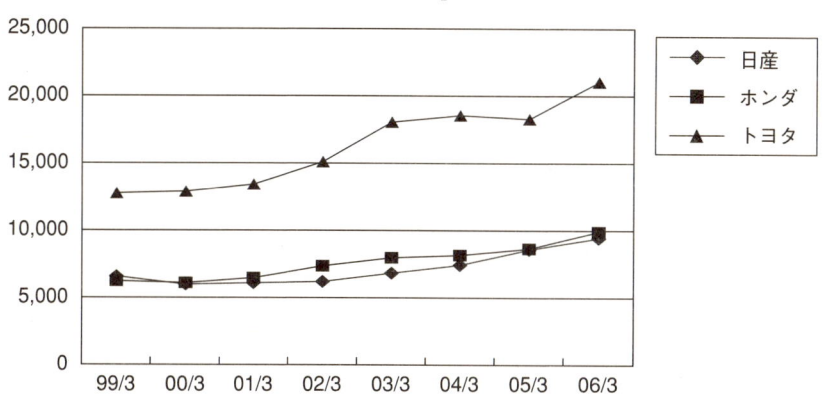

♣ 3社の四半期ごと業績比較

　図表83は、2004年3月期第1四半期から2007年3月期第1四半期までの四半期ごとの売上高と、営業利益の推移の3社比較です。

【図表83　四半期ごと売上高・営業利益の3社比較】　　　　　（単位：10億円）

	日産			トヨタ			ホンダ		
	売上高	営業益	利率	売上高	営業益	利率	売上高	営業益	利率
2004年3月期	7,429	825	11.1	17,294	1,667	9.6	8,162	600	7.4
1四半期	1,650	176	10.7	4,092	341	8.3	2,008	159	7.9
2四半期	1,906	225	11.8	4,131	427	10.3	2,017	158	7.8
3四半期	1,820	199	10.9	4,386	402	9.2	1,992	170	8.5
4四半期	2,053	225	11.0	4,685	497	10.6	2,145	113	5.3
2005年3月期	8,576	861	10.0	18,551	1,673	9.0	8,650	631	7.3
1四半期	1,905	186	9.8	4,510	449	10.0	2,073	160	7.7
2四半期	2,103	217	10.3	4,515	418	9.2	2,094	173	8.3
3四半期	2,092	209	10.0	4,644	423	9.1	2,134	158	7.4
4四半期	2,476	249	10.1	4,882	383	7.2	2,349	140	5.9
2006年3月期	9,428	872	9.2	21,036	1,878	8.9	9,908	869	8.8
1四半期	2,145	206	9.6	4,982	405	8.1	2,265	170	7.5
2四半期	2,346	205	8.7	4,971	404	8.1	2,338	163	6.6
3四半期	2,301	220	9.6	5,333	482	9.0	2,472	195	7.9
4四半期	2,636	241	9.1	5,750	587	10.2	2,833	341	12.0
2007年3月期									
1四半期	2,210	153	6.9	5,639	512	9.1	2,600	204	7.8

　図表84は、2004年3月期～2006年3月期までの四半期ごとの累計値の3社比較です。

【図表84　2004年3月期～2006年3月期まで四半期ごと累計値の3社比較】　（単位：10億円）

	日産			トヨタ			ホンダ		
	売上高	営業利	利率	売上高	営業利	利率	売上高	営業利	利率
1四半期	5,700	568	10.0	13,584	1,195	8.8	6,346	489	7.7
2四半期	6,355	647	10.2	13,617	1,249	9.2	6,449	494	7.7
3四半期	6,213	628	10.1	14,363	1,307	9.1	6,598	523	7.9
4四半期	7,165	715	10.0	15,317	1,467	9.6	7,327	594	8.1
	25,433	2,558	10.1	56,881	5,218	9.2	26,720	2,100	7.9

注）営業益は営業利益、利率は売上高営業利益率（％）のことです。

♣ 日産の利益率は比較的安定的

　図表79・83によりますと、日産では、2006年3月期までの実績では、経常

利益は、2006年3月期は2005年3月期よりも僅かながらも減少しているのですが、営業利益は、逆に僅かですが増加しています。

　日産の経常利益が2006年3月期に減少したのは、営業外費用に348億円の為替差損を計上したからです。為替損失は、営業には直接関係のない外的要因であると考えますと、実力からみて、2006年3月期までのところでは、停滞傾向がみられるにしても、収益力の低下まではまだ起こっていないようです。

　次に営業利益率について、日産、トヨタでは年次ごとに僅かではあるものの、利益率の低下傾向が読み取れますが、ホンダでは、むしろ上昇傾向にあるようです。また、トヨタ、ホンダとも四半期ごとの利益率のバラツキが大きいのに対して、日産の利益率は比較的安定的であるのが注目されます。

　年次の数値では、日産の経常利益率の低下が読み取れたのですが、四半期ごとの数値でも営業利益率が年々低下している様子が、より顕著にわかります。

　トヨタとホンダの2社では、売上高、営業利益ともに、第1四半期から第3四半期までなだらかに増加していますが、日産だけは第3四半期に多少減少して、第4四半期に大きく伸びています。これがたまたまの現象なのか、何か特別な理由があるのかまではわかりません。

　トヨタ、ホンダでも、第4四半期に売上高及び営業利益が大きく上伸するのは、季節要因というよりは、年度末のキャンペーンなどによる追込みによるものと推察され、その分だけ次の第1四半期の売上高や営業利益が減少している可能性もあります。

　以上から、自動車メーカー3社では、年度末の追込み売上を除いて、特に季節変動のようなものがなく、2006年3月期までのところでは、売上高、営業利益ともに年々なだらかな増収・増益傾向が続いていることが読み取れます。

　ただ、日産では営業利益率で年々低下傾向が続いていて、このまま利益率の低下が続くか、売上高の伸びが止まると、営業利益も減少に転じる恐れもあります。

♣これまでの四半期ごとに増加していたパターンに異変

　以上は、2006年3月期までの状況ですが、2007年3月期第1四半期には状況が一転しています。

　売上高は、前年第1四半期と比べ3％増えていますが、直前の2006年3月期第4四半期と比べますと、16.2%減の22,103億円となって、これまでの四半期ごとに増加していたパターンに異変が起きています。

　営業利益については、低落振りは著しく、前年度第1四半期と比べても

25.7％減、直前四半期の前年度第 4 四半期との比較では36.5％減の1,533億円となっています。

　売上高の減少については、前期に無理な販売をした反動との見方もありますが、会社側では当初からの想定から大きく乖離していないとしています。

　最近の営業利益率の低下は、無理な販売に関係があるのかもしれません。また、米国でのリコールに伴い引当金230億円を費用に計上したことが営業利益を圧迫しており、2007年 3 月期通期の業績予想は、期初における予想を変更せず、営業利益は前期比 1 ％増の8,800億円を予定していますし、当期純利益も前期比 1 ％増の5,230億円で、 7 期連続の最高更新を見込んでいるとのことです（以上、2006年 7 月26日付日本経済新聞による）。

♣売上高のパターンは日産と全く同じホンダ

　他社との比較で、トヨタは別格としてホンダと比較をしますと、売上高は2007年 3 月期第 1 四半期のホンダの実績値は前年同期比では14.8％増加していますが、直前の2006年 3 月期第 4 四半期との比較では8.2％の減少となっていて、売上高のパターンは、日産と全く同じです。

　ただ、営業利益では、ホンダは前年同期比で20％増えています。直前期の2006年 3 月期第 4 四半期との比較では、40.2％減少していますが、これは、前第 4 四半期の営業利益が多すぎたからです。

　日産では、2007年 3 月期第 1 四半期の営業利益は前第 4 四半期に比べ36.5％も下落していて、日産の下落率は異常であると考えられます。

　以上からみて、日産の売上高の低下は、日産の説明どおり、新車発売の谷間にあることが主な原因であるとしても、2005年 3 月期から続く利益率の低下が異常であり、これが今後どのように回復していくかに注意する必要があると思われます。

♣第 1 四半期の大幅業績低下を知ることができるのは四半期情報開示の効用

　いずれにしても、2007年 3 月期第 1 四半期の業績の大幅低下が今後も続くのかどうかは、日産の今後の四半期の業績推移をみて判断する必要があります。

　この第 1 四半期において、大幅の業績低下があったことを知ることができるのは、四半期情報開示の効用であり、もし、会社側の説明どおり、年次ではキャッチアップするものなら、第 1 四半期の業績低下の事実は、決算書の数値には全く出てこない可能性もあります。

Q47 キャッシュフロー分析を読むポイントは

Answer Point

♣ここではA社のキャッシュフローについて、運転資本要素の変動を中心に検討します。

♣売上高の四半期ごとの変動状況から、運転資本要素の理論変動パターンを設定します。

♣実績値が理論変動パターンから外れる場合に異常が発生している可能性があるとみて更に突っ込んだ分析をします。

♣A社のケースで運転資本パターン分析をすると

キャッシュフローで業績評価などに利用できるのは、営業キャッシュフローですが、営業キャッシュフローは、短期間では偶発的な原因により変動することが多いので、四半期分析には向かない面もあります。

偶発的な原因で変動するのは主に運転資本要素であり、その意味では運転資本要素は企業の業績評価などには撹乱要素になることが多いのです。

それだから筆者は、運転資本要素を除外した利益要素により第一次的に業績評価を行い、運転資本要素の中身を吟味して、修正をする分析手法を推奨しているわけです。

業績評価には撹乱要素になる可能性のある運転資本要素も、パターン分析法では、異常発見の手段として、大きな威力を発揮します。

そこで、四半期期ごとの運転資本要素パターン分析を、Q8などで紹介したA社の例で試してみます。

A社の業績変動は、季節変動の影響によるものかどうかは不明ですが、売上高は四半期ごとに激しく変動し、その変動は四半期ごとの一定のパターンに従って動いています。

売上高の変動に従い、営業キャッシュフローも変動しますが、営業キャッシュフローを、利益要素と運転資本要素に分けて四半期ごとの動きをみますと、それぞれに一定のパターンに従って変動していることが読み取れます。

図表85は、A社の2001年9月期第4四半期から2005年9月期第4四半期までの四半期ごと営業キャッシュフローの推移を、間接法の様式により、利益要素と運転資本要素に分割して記載したものです。

A社は支払先行型企業なので、売上高が増えると運転資本要素の収支はマイナスになり、売上高が減少するとプラスになる傾向があります。

【図表85　A社の営業キャッシュフロー四半期ごとの推移】　　　　　（単位：百万円）

	売上高	利益要素	運転資本要素					営業CF
			売上債権	棚卸資産	仕入債務	その他	小計	
2001年9月期								
4四半期	721	298	−663	48	123	9	−483	−185
2002年9月期								
1四半期	61	−157	208	−231	16	−54	−61	−218
2四半期	685	116	−211	52	112	42	−5	111
3四半期	506	−24	279	−84	−68	19	146	122
4四半期	1,096	396	−559	119	189	−24	−275	121
2003年9月期								
1四半期	193	−238	318	−271	49	−37	59	−179
2四半期	1,037	126	−502	185	49	35	−233	−107
3四半期	121	−172	986	−112	−421	9	462	290
4四半期	1,476	597	−1,226	216	310	10	−690	−93
2004年9月期								
1四半期	207	−179	432	−187	−232	−32	−19	−198
2四半期	985	50	−290	128	188	159	185	235
3四半期	368	−37	892	38	−209	−125	597	560
4四半期	1,807	613	−1,606	48	733	11	−836	−233
2005年9月期								
1四半期	220	−262	1,428	−138	−684	−13	593	331
2四半期	784	5	−341	158	111	17	−55	−50
3四半期	251	−36	440	−123	−191	−23	103	67
4四半期	2,235	769	−1,711	129	1,033	52	−497	272
2006年9月期								
1四半期	176	−310	726	−240	−620	−17	−151	−461
2四半期	946	−67	212	179	62	24	477	410
3四半期	288	−172	745	−88	−411	−13	233	61

♣A社の推定運転資本パターンと実績との対比

　図表85によりますと、第2四半期の売上高がその前後の四半期よりも多いことから、売上高のピークが年間に2回あって、第2四半期に小規模な山が、第4四半期に大規模な山ができることが読み取れます。

♣第1四半期と第2四半期に理論パターンとの間に食違いが起こりやすい

　売上高の大小の波に伴って起こる運転資本要素の変動の理論パターンは、

【図表86　A社の四半期ごとの運転資本要素変動パターン表】

	1四半期	2四半期	3四半期	4四半期
理論パターン				
売上高変動理論パターン	特小	大	小	特大
運転資本要素変動理論パターン	＋＋	－	＋	－－
実際の変動状況				
2002年9月期				
売上高変動状況	特小	大	大	特大
運転資本要素変動状況	－	－	＋	－
2003年9月期				
売上高変動状況	特小	特大	特小	特大
運転資本要素変動状況	＋	－	－	－－
2004年9月期				
売上高変動状況	特小	大	小	特大
運転資本要素変動状況	－	＋	＋＋	－－
2005年9月期				
売上高変動状況	小	大	小	特大
運転資本要素変動状況	＋＋	－	＋	－－
2006年9月期				
売上高変動状況	特小	特大	小	
運転資本要素変動状況	－	＋	＋	

　図表86の理論パターン欄のとおりとなることが予想されます。

　第4四半期には、売上高の大規模な山の影響で、運転資本要素は大きなマイナスになると考えられますので、運転資本要素変動パターンを－－で示してあります。

　翌第1四半期には前第4四半期のマイナスが解消されて、運転資本要素の収支は大きなプラスになりますので、図表86では＋＋で示してあります。

　第2四半期には、売上高の小さなピークが到来しますので、運転資本要素はマイナスになることが予想されますので、－で示してあります。第3四半期には、第2四半期の売上代金の回収が進みますので＋で示してあります。

　図表86からは、運転資本要素の変動について、第1四半期と第2四半期において、理論パターンとの間の食い違いが起こりやすいことが読み取れます。

　第1四半期における食い違いは、主に売上債権残高の変動に原因があります。A社の売上債権の回転期間は3か月前後であることから、各四半期に発生した売上債権の大部分は、次の四半期中に回収されることになります。

　したがって、第4四半期末には第4四半期中の売上高の大部分が残ってい

ますので、売上債権残高は大きく膨れ上がり、運転資本要素の収支は大きなマイナスになりますが、翌第1四半期中には大部分が回収されて、運転資本要素の収支が大きなプラスになることが予想されます。

♣売上債権が回収されないと運転資本要素の収支は大きなプラスにならない

A社では、第4四半期末に膨らんだ売上債権残高の多くが、翌第1四半期においても回収されないことがあり、このような場合には第1四半期の運転資本要素の収支は大きなプラスにはなりません。

2002年9月期と2004年9月期には、第1四半期においても運転資本要素の収支はマイナスになっていますが、これは、2002年9月期以降、第1四半期に棚卸資産残高が大幅に増加したため、2002、2004年9月期には、売上債権収支のプラスがそれ程大きくなかったこともあって、全体として運転資本要素がマイナスになったものと推察されます。

第2四半期には、売上高の小規模なピークが来ますので、運転資本要素はマイナスになるはずですが、本来なら第1四半期に回収すべき売上債権の多くが、この期の回収となったことにより、第2四半期の収支においては、売上増によるマイナスを補ったうえで、運転資本要素はプラスになることがあるものと推察されます。

A社では、第4四半期に発生した売上債権の多くが第1四半期に回収されず、第2四半期にずれ込むことがあることと、第1四半期には棚卸資産の残高が急増して、運転資本要素がプラスになるパターンを崩すことがある点に注目する必要があります。

以上の検討結果から、四半期のキャッシュフローのパターン分析が、運転資本要素の変動の分析に役立つことが推察されます。分析対象企業について売上高の変動に伴う運転資本要素収支変動の理論パターンを推定し、実際の変動パターンと比較して、大きく食い違う場合には更に突っ込んだ分析を行って、その食い違いが、異常な原因に基づくものか否かを確かめるのです。

♣食違いは回収されずに残っていることに原因がある

図表86のA社の例では、第1四半期と第2四半期における運転資本要素の変動が、理論パターンと食い違うことが多いのですが、これは、第4四半期に計上された多額の売上債権の大部分が、翌第1四半期末においても回収されずに残っていることに原因があります。

A社では、売上高が第4四半期に急増し、第1四半期に急減しますが、こ

のような現象は期末に次期の売上高を先食いした場合によく起こります。先食いで計上した売上高でも、実際の売上時期に基づいてしか回収できませんので、第1四半期中に回収できずに、翌第2四半期にまで持ち越されると考えると辻褄が合います。

♣ 期末に売上高が集中は売上先食いの粉飾を行っていたとは限らない

　ただ、ここで注意していただきたいことは、粉飾のパターンに一致するからといって、売上先食いの粉飾を行っていたとは限らないことです。何か特別な理由によりこのようなパターンになる可能性もあります。

♣ 運転資本分析法でわかることは

　A社の場合、売上高の四半期ごとの変動パターンが極めて顕著ですので、運転資本要素も四半期ごとのパターンに従って変動することが期待されます。A社では、パターンから乖離することが多く、特に、第1四半期と第2四半期に乖離が起こることが多いようです。

　このような現象は、前の第4四半期に何らかの操作を行っている場合に多く現れます。それが、単なる売上高の先行計上であるのなら、第1四半期の売上債権残高が膨らみ、第1四半期末の売上債権回転期間が著しく上昇するものの、次の第2四半期末までには正常値に戻るはずです。

　売上高先行計上がエスカレートして、次の第1四半期の売上高の先行計上だけでは収まらず、第2四半期の売上高にまで食い込むと、第2四半期の売上債権回転期間もが上昇することになります。

　それでも、1～2四半期遅れてでも売上債権回転期間が正常値に戻る間は、本物の粉飾にはなっていないと推察されますが、第1四半期に上昇した売上債権回転期間がいつまでも正常値に戻らないか、別な勘定に移し変えられた疑いがある場合に、最早、売上高の先行計上ではなく、本物の粉飾である疑いがもたれます。

　A社では、2006年8月11日に2006年9月期の業績予想の修正発表を行い、新製品への切替えの谷間となったためとの理由で、連結売上高予想額をこれまでの3,650百万円から2,716百万円に、経常利益を8百万円のプラスから902百万円の赤字に下方修正しました。

　この数値から逆算しますと、第4四半期の単独経常損益も94百万円の赤字になり、第4四半期の黒字で通期業績を黒字に転換する長年のパターンが、崩れることになります。

Q48 損益計算書分析を読むポイントは

Answer Point

♣ここでは売上原価を中心に検討します。
♣売上原価の変動については、変動費と固定費の違いに注意する必要があります。
♣売上高増加期には、固定費の影響で売上原単価が低下しますので、売上総利益は2重に増加します。

♣ 季節変動と売上原価率の変動についてみると

　損益項目のうち売上高については、A社や日産などの実例により分析法を示しましたし、販売管理費についても、Q40で実例による分析法を示していますので、ここでは、主に売上原価について、検討をします。

　季節変動の影響を受けやすい企業では、季節変化により売上高が増減しますが、売上高の増減は、製造業者の製品の製造原単価を変動させる要因になります。

　商品を仕入れて販売する販売業者でも、販売費及び一般管理費の大部分は固定費であるのが普通ですから、程度は少ないものの、製造業者と同じようなことが起こりますが、ここでは、製造業者の損益を中心に検討を進めます。

　製造業では、売上高が増えると製造量が増えますが、製造量の増減に影響されない固定費は一定ですので、製品単位あたりの固定費が低下し、全体として製造原単価が低下します。売上高が減少する期間においては、製造量が減って、製品単位あたりの製造原単価が上昇します。その結果、売上高が増えて利益も増える繁忙期には、売上原価率も低下して、利益を更に押し上げる原因になりますし、閑散期には反対の現象が起こって、利益減少に拍車をかけることになります。

♣ A社の売上原価構成についてみると

　ここでは、A社の売上高の増減と売上原価の増減の推移を検討します。

　A社は、四半期ごとの売上高変動の激しいパターンの企業です。これが季節変動によるものかどうかは不明ですが、ここでは季節変動によるものとして取り扱うことにします。

【図表87　A社の売上原価構成別推移】　　　　　　　　　　　　　　（単位：百万円）

	2002/9	2003/9	2004/9	2005/9
売上高	2,448	2,812	3,364	3,474
売上原価				
材料費	1,008	961	1,024	1,073
労務費	339	353	367	434
経費	516	822	1,198	984
（内外注費）	(359)	(680)	(1,029)	(792)
製造費用計	1.863	2,136	2,589	2,491
在庫増減他	−48	−14	11	134
売上原価	1,815	2,122	2,600	2,625
変動費	1,367	1,641	2,053	1,865
変動費率	55.8%	58.4%	61.0%	53.7%
固定費	496	495	536	626

♣ 変動費、固定費の分別と売上原価理論値の推定

　図表87は、2002年9月期から2005年9月期までの4年間の年度ごとの売上高、売上原価、製造費用の推移を示したものです。

　同社では、2003年9月期以降連結決算書を公開していますが、連結では製造費用の内訳など公表していませんので、全期間、個別ベースのデータによっています。

　製造費用について、材料費と、経費のうちの外注費を変動費とし、残りはすべて固定費と見て、変動費、変動費率、固定費を計算して示してあります。

♣ 各四半期の推定売上原価と実際の売上原価と比較

　図表88は、図表87の変動費率と固定費をもとに、各四半期の売上原価を推定し、実際の売上原価と比較して差異を計算したものです。

　変動費率は四半期ごとに違うはずですが、四半期ごとの製造費用の内訳が公表されていませんので、年度を通じて同率としました。

　また、固定費も同様の理由で四半期ごとの固定費は年度合計の4分の1としてあります。更に、在庫増減等の四半期ごとの数値がわかりませんので、この差異は無視しています。

　2003年9月期以降は連結の売上高や売上原価を利用していますが、変動費率や固定費は連結の数値が不明なので個別のものを使っていますので、正確ではありませんが、当社の場合、連結と個別の差が少ないので、それ程大きな誤差は発生しないと考えられます。

【図表88　A社の売上高・売上原価・仕入高の四半期ごと推移】　　　（単位：百万円）

	実績値（連結)			推定値		推定売上原価	
	売上高	売上原価	変動費率	変動費	固定費	売上原価	推定誤差
2002/9 Ⅰ	61	84	55.8%	34	124	158	74
Ⅱ	685	513		382	124	506	－7
Ⅲ	506	444		283	124	407	－37
Ⅳ	1,196	773		667	124	791	18
2003/9 Ⅰ	193	252	58.4	113	124	237	－15
Ⅱ	1,037	836		606	124	730	－106
Ⅲ	121	154		71	124	195	41
Ⅳ	1,476	863		862	124	986	123
2004/9 Ⅰ	207	212	61.0	126	134	260	48
Ⅱ	985	864		601	134	735	－129
Ⅲ	368	334		224	134	358	24
Ⅳ	1,807	1,174		1,102	134	1,236	62
2005/9 Ⅰ	220	240	53.7	118	157	275	35
Ⅱ	784	694		421	157	578	－116
Ⅲ	251	226		135	157	292	66
Ⅳ	2,235	1,469		1,200	157	1,857	－112

　労務費を固定費として扱うのには無理があり、繁忙期にはパートタイマーや派遣社員などを増員して労務費が増えますので、変動費的な性格が強い可能性があります。固定費が年度を通じて、四半期ごとには同額であるとの想定にも無理があるかもしれません。

♣**第4四半期には変動費率の低い製品の販売が多いかなどが推定**
　図表88では、売上原価の実績値と推定値の誤差は、各年度とも第2四半期には大きなマイナスになる（実績の方が推定値を上回っている）傾向がありますが、これは売上高の増える第2四半期には、図表87では固定費として取り扱っている労務費が増えて、推定値よりも大きな数値になるためと推測されます。
　もしこの推測が当たっているのなら、売上高が最大になる第4四半期には誤差は大きなマイナスの数値になるはずですが、2005年9月期を除いて、差額が大きなプラスになっています。
　第4四半期には変動費率の低い（または粗利益率の高い）製品の販売が多いか、この四半期には固定費が少なくなるかの、いずれかであることが推定されます。

♣最小二乗法により売上原価を変動費と固定費に分けてみると

次に、最小二乗法によりA社の売上原価を変動費と固定費に分けてみます。

2003年9月期第1四半期から2006年第1四半期までの13四半期のデータにより、売上高を説明変数とし、売上原価を被説明変数として、

$$売上原価 = 変動費率 \times 売上高 + 固定費$$

の単回帰式により、変動費率と固定費を推定しますと、変動費率は0.6925、固定費は60百万円となりました。

この数値により各四半期の売上原価を推定し、実績値との差異を求めたのが図表89です。

【図表89　回帰式による売上原価推定値と実績値の差異】　　（単位：百万円）

		実績値（連結）			推　定　値			売上原価
		売上高	売上原価	変動費率	変動費	固定費	売上原価	推定誤差
2003/9	I	193	252	69.25%	134	60	194	−58
	II	1,037	836		718		778	−58
	III	121	154		84		144	−10
	IV	1,476	863		1,022		1,082	219
2004/9	I	207	212	69.25%	143	60	203	−9
	II	985	864		682		742	−122
	III	368	334		255		315	−19
	IV	1,807	1,174		1,251		1,311	137
2005/9	I	220	240	69.25%	152	60	212	−28
	II	784	694		543		603	−91
	III	251	226		174		234	8
	IV	2,235	1,469		1,547		1,607	138
2006/9	I	176	277	69.25%	122	60	182	−95

♣今後の四半期分析で更に突っ込んだ調査が必要

図表89では、第4四半期の誤差は大きなプラスになり、他の四半期の誤差はおおむねマイナスになっています。

これは、第4四半期の実績値が理論値に比べ少なすぎるために、回帰式による推定値に乱れが生じたのではないかと推察されます。

第4四半期の売上原価が過大に推定され、その結果として、他の四半期の売上原価が過少に推定される結果になったと考えられます。

回帰式による推定値には、偏りがあるようですが、第4四半期と第2四半期の誤差には、一方が大きなプラスで他方は大きなマイナスと、規則的に分

かれています。

　図表89も、両四半期の差異については図表88の差異と同じことを示している可能性があり、第2四半期の売上原価の実績値が正常であるとすると、図表89も、第4四半期には、特に変動費率の低い（または粗利益率の高い）商品が多く出荷されるか、第4四半期の固定費額が他の四半期より少ないかのいずれかであることを示している可能性があります。

　第4四半期については、売上計上基準のみならず、売上原価率についても、他の四半期と違っており、今後の四半期分析において更に突っ込んだ調査が必要のようです。

【図表90　第4四半期の売上高・売上原価推移】

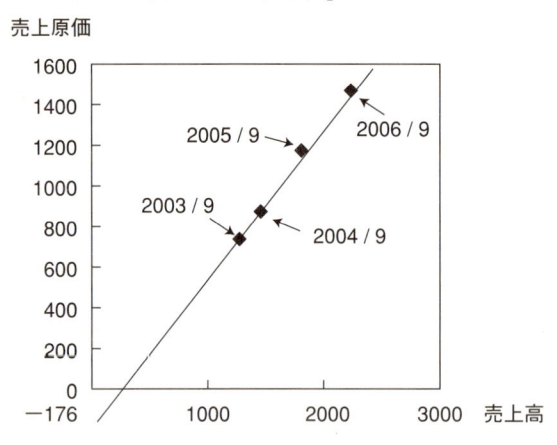

売上原価

（グラフ：横軸　売上高、縦軸　売上原価。2003/9、2004/9、2005/9、2006/9の4点がほぼ直線上に並ぶ散布図。y軸切片は−176。）

　図表90は、第4四半期の単独売上高と売上原価を年度順に並べたもので、4年間の第4四半期のデータをもとに最小二乗法により変動費率と固定費を推定しますと、変動費率：0.7422、固定費：−176.0となります。

　固定費がマイナスになっていますが、これを文字どおりに解釈しますと、第4四半期は、固定費プラス176百万円の収入のあることを意味します。

　図表90のグラフは、横軸に売上高をとり、縦軸に売上原価をとって散布図にしたものです。各年度の点を左側に延長しますと、y軸に交わるのはマイナス176であることを示しています。

　4個のデータだけでは結論を導き出すことはできませんが、毎年第4四半期だけに売上原価のない売上があるのか、あるいは第4四半期の売上原価には何らかの操作が施されていることが疑われます。

Q49　情報開示姿勢問題会社の四半期決算書を読むポイントは

Answer Point

♣マザーズ上場のジャパン・デジタル・コンテンツ信託株式会社を取り上げます。

♣第4四半期に年間売上高の約3分の2を計上し、これまでの赤字を一掃するパターンを繰り返しています。

♣最近2年間連続で、業績の大幅下方修正を発表しています。

♣匿名組合の連結をめぐって監査人との間に紛争があったようです。

♣ ジャパン・デジタル・コンテンツ信託についてみると

　ここでは、ジャパン・デジタル・コンテンツ信託株式会社（以下、JDCといいます）の例を取り上げます。

　同社が2006年5月15日深夜に発表した前2006年3月期の業績予想の下方修正の発表に関して、2006年6月9日付日本経済新聞は、「開示の時刻の遅さも問題だが、内容も新興株市場の"会計不信"を増幅させるものだった」と厳しく非難しています。

　JDCは、1995年12月設立、2000年12月にマザーズに上場したコンテンツ制作のための資金調達や販売を支援する業者であり、信託業にも参入して、社名をジャパン・デジタル・コンテンツ株式会社から現在の社名に変更しています。

　1998年3月期以降の業績及び主要財務数値の推移は、図表91のとおりです。

♣ 2年連続業績予想を大幅下方修正

　同社は、Q15の図表23では期初における業績予想と実績との一致度で、4分類中下から2番目の第3グループにランク付された会社であり、当期純利益の期初予想は、2005年3月期は65百万円、2006年3月期には220百万円の黒字であったものが、図表91のとおり、2005年3月期には568百万円、2006年3月期には677百万円の当期純損失で終わっています。

　2005年3月期の赤字は、主に匿名組合事業の評価損によるもので、第3四半期においてすでに5億円を超える当期純損失が出ていたのに、期中の業績予想の修正では、連結当期純利益を1百万円のプラスとしていました。

　そして、大半の企業では、決算発表を済ませている5月25日になって、

【図表91　JDCの主要業績・財務数値の推移】　　　　　　　　　　（単位：百万円）

	売上高	当期利益	総資産	純資産	有利子負債
1998/3	20	−5	236	225	0
1999/3	49	−68	187	157	0
2000/3	829	5	232	190	0
2001/3	284	12	793	662	0
2002/3	552	31	1,135	808	143
2003/3	813	17	1,317	720	478
2004/3	973	87	2,396	1,196	773
2005/3	1,241	−568	4,069	721	3,056
2006/3	1,526	−677	5,681	3,317	1,475

注）2005年3月期以降連結決算書を公開していますので、2005年3月期以降は連結ベースの数値です。

568百万円の当期純損失に修正発表したものです。
　2006年3月期については、2005年8月15日に連結当期純利益の予想を470百万円に上方修正をしたのですが、この年度でも、大部分の会社では決算発表を済ませている2006年5月15日に突然、653百万円の当期純損失に大幅下方修正したものです。

♣下方修正の主な理由は
　2006年3月期における下方修正の主な理由として、大型ファンドの設定が翌期にずれ込んだことにより信託報酬等500百万円を当期に計上できなかったことをあげていますが、この理由によるのなら、3月31日からそれ程日数がたたない時期にずれ込みが判明していたはずであり、下方修正の発表が遅すぎます。
　発表が遅れたことについての苦情が同社に殺到した模様で、同社では5月18日に発表が遅れた理由を、監査法人と収益計上時期及び連結子会社等に関して見解の相違があったためと釈明しています。

♣第四半期に売上高が急増してこれまでの赤字を解消するパターン
　JDCの2002年3月期から2006年3月期までの4半期ごとの売上高、経常利益と、3要素残高の推移は、図表92のとおりです。
　各四半期における売上高及び経常利益には、四半期単独の数値を記載していますが、各年度の最下行に通期累計値を記載してあります。

【図表92　JDCの四半期ごと主要指業績数値・3要素残高推移】　（単位：百万円）

		売上高	経常利益	売上債権	棚卸資産	仕入債務
2002/3	Ⅰ期	59	−36	56 (2.8月)		35 (1.8)
	Ⅱ期	93	−20	92 (3.0)		58 (1.9)
	Ⅲ期	33	−49	52 (4.7)		7 (0.6)
	Ⅳ期	367	142	236 (1.9)		17 (0.1)
通期累計		552	37			
2003/3	Ⅰ期	54	−104	56 (3.1)		20 (1.1)
	Ⅱ期	200	−53	126 (1.9)		42 (0.6)
	Ⅲ期	116	−58	122 (3.2)		14 (0.4)
	Ⅳ期	443	269	269 (1.8)		37 (0.3)
通期累計		813	54			
2004/3	Ⅰ期	72	−95	178 (7.4)		36 (1.5)
	Ⅱ期	116	−65	189 (4.9)		30 (0.8)
	Ⅲ期	110	−89	195 (5.3)	300 (8.2)	45 (1.2)
	Ⅳ期	675	340	597 (2.7)	19 (0.9)	154 (0.7)
通期累計		973	91			
2005/3	Ⅰ期	145	−125	268 (5.5)	111 (2.3)	77 (1.6)
	Ⅱ期	112	−296	139 (3.7)	208 (5.6)	81 (2.2)
	Ⅲ期	186	−502	159 (2.6)	300 (4.8)	86 (1.4)
	Ⅳ期	770	425	340 (1.3)	387 (1.5)	136 (0.5)
通期累計		1,213	−498			
2006/3	Ⅰ期	155	−309	319 (6.2)	338 (6.5)	94 (1.8)
	Ⅱ期	218	−147	134 (1.8)	333 (0.5)	90 (1.2)
	Ⅲ期	107	−215	68 (1.9)	320 (4.4)	73 (1.0)
	Ⅳ期	1,046	−45	850 (2.4)	237 (0.7)	312 (1.9)
通期累計		1,526	−716			

注）2005年3月期までは個別、2006年3月期は連結ベースの数値です。

♣ 年間売上高の約3分の2が第4四半期に集中するパターンの繰り返し

　JDCにおいても、第1四半期から第3四半期までは売上高が著しく少なく、第4四半期に売上高が急増して、年間売上高の約3分の2が第4四半期に集中するパターンを繰り返しています。

　経常利益も、毎年第3四半期までの各四半期は赤字続きで、赤字が累積しますが、第4四半期の利益で通期累計値はプラスに転じます。

　JDCの説明によりますと、ビジネスコーディネーションのウエイトが高くなっていて、このビジネスコーディネーションについては、法人顧客の予算編成等の関係で、売上計上時期が下期後半に集中する状態になっている、とのことです。

2004年3月期までは、第4四半期の利益で、通期累計経常利益を黒字にできていたのですが、2005年3月期第3四半期に、匿名組合事業の評価損の計上により、502百万円の経常損失となり、その結果、2005年3月期第4四半期には425百万円の黒字を計上したものの、2005年3月期の通期累計値では498百万円の経常損失となっています。

2006年3月期には、第4四半期の経常損益単独値も45百万円の赤字であったために、通期の累計赤字が増えて、716百万円の経常損失となっています。

♣ 売上債権からは大規模な収益の先行計上があった等の形跡はない

図表92の3要素残高や回転期間の推移からみて、第1四半期に売上債権回転期間が上昇する傾向がみられるものの、それ程極端な上昇ではないことから、売上債権からは大規模な収益の先行計上があった等の形跡はみられません。もともと回転期間は短いし、特に、手数料や報酬などは回収期間が短いものなのかもしれません。

♣ 営業投資有価証券・投資有価証券・出資金が第4四半期に急増する傾向

棚卸資産や仕入債務については、2004年3月期第3四半期以降に棚卸資産残高が出てくるほかは、特に、異常な点はないようで、3要素を利用した大規模な利益操作などはないようです。

ただ、営業投資有価証券、投資有価証券、出資金が実質的には運転資本的性格が強いと思われるのですが、図表93のとおり、四半期単位でも大きく変動していますし、特に、第4四半期に急増する傾向がみられます。

2006年3月期には第4四半期に大きく減少していますが、この期には短期貸付金1,673百万円が突然発生していて、これが、営業投資有価証券などから振り替えられたものとしますと、この第4四半期でも大幅に増加したことになります。

これら3科目を図表93のように単純に合計してよいかどうかはわかりませんが、各四半期の業績と何らかの関係がありそうです。

また、2005年3月期で匿名組合事業で466百万円の評価損を出していますが、この期において投資有価証券が第1四半期から第3四半期までの間に326百万円も減少しているのは、上記の評価損の計上と関係があるように思われます。

これら3科目は、通常の企業の前払費用や棚卸資産のような役割をも果たしているようですので、3要素の動きに異常がないだけでは、同社に大規模な利益操作がないとは断定できないと考えられます。

【図表93　JDCの営業投資有価証券等残高推移】　　　　　　　　　　（単位：百万円）

		営業投資有価証券	投資有価証券	出資金	合計
2002/3	Ⅰ期		101	487	588
	Ⅱ期		10	500	510
	Ⅲ期		16	500	516
	Ⅳ期		214	487	701
2003/3	Ⅰ期		101	487	588
	Ⅱ期		54	487	541
	Ⅲ期		35	570	605
	Ⅳ期		34	706	740
2004/3	Ⅰ期		62	713	675
	Ⅱ期		42	692	734
	Ⅲ期	1,019	10	234	1,263
	Ⅳ期	1,135	11	293	1,439
2005/3	Ⅰ期	1,159	11	297	1,467
	Ⅱ期	934	63	297	1,294
	Ⅲ期	823	71	385	1,279
	Ⅳ期	807	72	889	1,768
2006/3	Ⅰ期	1,137	24	887	2,048
	Ⅱ期	1,065	999	92	2,156
	Ⅲ期	1,077	963	92	2,132
	Ⅳ期	613	369	95	1,077

♣ 巨額の赤字決算の公表と下方修正

　JDCの業績予想の下方修正発表に関連して、日本経済新聞が同社を新興株市場の"会計不信"を増幅させるものとして厳しく非難した裏には、単なる発表遅延（発表が深夜であったことも含め）だけでなく、ほかにも財務情報開示に関して重大な問題のあることを示唆しているのかもしれません。

　2006年3月期の決算発表に際して、JDC側では信託報酬を2006年3月期に計上することを監査法人に拒否されたほかに、匿名組合三組合を連結に組み入れることを要求された結果、巨額の赤字決算の公表に至ったとのことです。

　5月15日付の修正報告書によりますと「信託移行前の投資スキームである投資事業組合出資案件に係る連結範囲の見直し等に関し、監査法人との協議がほぼ終了、業績修正が必要となったことが判明したため、下方修正を行うものです」としていて、連結範囲の見直しに関して監査法人との協議が長引いたことを伝えています。

　ライブドア事件で、匿名組合などの連結逃れが大きく取り上げられたこと

から、監査法人の匿名組合に対する姿勢が厳格になったことが予想されます。

♣ 連結範囲見直しを下方修正発表の遅延の理由にするのは筋違い

　ただ、連結範囲の見直しによるものよりも、信託報酬の計上の先送りによる予想利益の減少額のほうが圧倒的に多いのに、連結範囲見直しの協議が長引いたことを、下方修正発表の遅延の理由にするのは筋違いであるように思われます。

　監査法人との協議が長引いたのは、信託報酬の計上も含め、会社側が最後まで自社案を通そうとして頑張ったためではないかと推察されます。

　JDCでは、第4四半期における収益計上などについてのこれまでの年度での経験からして、今回も会社案がすんなり通るものと期待していたことから、協議が最後までもめたのではでないかとの疑いももたれます。

♣ 2007年3月期の動きからわかることは

　2007年3月期第1四半期の経常損益は178百万円のマイナスであり、前年度第1四半期の309百万円の赤字に比べて改善はされていますが、前年度から持ち越された500百万円の信託報酬はこの期の収益には計上されていないようです。

　2006年3月期決算短信によりますと、2007年3月期業績予想は図表94のとおりです。

【図表94　JDCの2007年3月期業績予想】　　　　　　　　　（単位：百万円）

	売上高	経常利益	当期純利益
中間期	714	7	7
通期	2,260	313	313

　500百万円の信託報酬は中間期の予想には含まれているとして、中間期の経常利益の予想値が7百万円ということは、信託報酬がなければ493百万円の赤字であったことになります。中間期での経常損益の累計値は、

2003年3月期	157百万円
2004年3月期	160百万円
2005年3月期	421百万円
2006年3月期	456百万円
2007年3月期	493百万円（予想）

と、赤字が増加を続けており、2007年3月期も、これまでと同じように、第4四半期に大きな利益を上げて、黒字に転換するパターンの続くことが推察されます。

Q50　M&Aが盛んな会社の四半期決算書を読むポイントは

Answer Point

♣ ここでは、M&Aによる新規事業への参入により再生を図っているアドバックスを取り上げます。

♣ 屋内通年型スノーボードゲレンデ事業が下火になって、赤字が続き、債務超過一歩手前の状況になりました。

♣ 不動産業、広告業、人材派遣業、ホテル業などに進出を試みていますが、現状では赤字から脱却できていません。

♣M&Aで事業転換を図ったアドバックスのケースについてみると

　M&Aが盛んな会社については、楽天やライブドアの例をQ26・51で取り上げていますので、ここでは、特にM&Aが盛んな会社というわけではありませんが、スキーブームが下火になって、屋内通年型スノーボードゲレンデの事業経営で赤字が続き、債務超過一歩手前の状態になったのを、M&Aにより事業転換を図って、苦境を脱しようとしているアドバックス社を取り上げることにしました。

　株式会社アドバックスは、1992年4月に株式会社スノーヴァの商号で設立され、人口雪「SNOVA」を用いた屋内通年型ゲレンデ事業を開始しました。

　1995年12月に屋内通年型スノーボードゲレンデ第1号「スノーヴァダイゴ」を完成させ、その後各地に次々とスノーボードゲレンデを完成させています。

　2000年3月にマザーズに上場しましたが、時既にスキーブームは終わっていて、業績は赤字に転落しており、その後も2006年3月期まで、経常利益、当期純利益ともに大幅赤字の状態が続いています。

♣新規事業への進出

　2002年8月には、現商号株式会社アドバックスに商号を変更しました。2004年6月不動産関連事業のためにアドバックス・リアルエステートを設立、同年9月には白浜スカイリゾートを区分所有する株式会社パワープレスの全株式を取得し、不動産業に参入しました。

　2004年10月にはプロモーションスタッフ派遣業の株式会社ADVAX-MASHを全額出資で設立し、2005年5月にはスタッフ派遣業の株式会社ロムテック

【図表95　アドバックスの主要業績・財務数値の推移】　　　　（単位：百万円）

	売上高	経常利益	当期純利益	総資産	純資産
1999 / 3	2,004	－68	－188	962	225
2000 / 3	2,573	－5	28	1,888	1,357
2001 / 3	851	－473	－558	1,029	798
2002 / 3	316	－564	－661	880	741
2003 / 3	1,432	－232	－795	425	－54
2004 / 3	2,310	－231	－163	302	240
2005 / 3	903	－290	－495	917	746
2006 / 3	1,206	－235	－239	1,210	1,010

　ジャパンを株式交換方式により完全子会社にして、スタッフ派遣業にも進出、2004年12月には飲食店運営業の東都アイ・エヌ・ティーの全株式を取得するなど、多角経営に乗り出しています。
　事業の多角化に伴い、連結ベースの事業別売上高、営業利益、資産は図表96のように変化しています。
　なお、図表96では、売上高のみに四半期ごとの単独値を記載してあります。

♣各四半期で不規則にばらつく売上高
　売上高に特に季節変動の影響は見られず、各四半期で不規則にばらついているようです。
　雪関連事業は、年々縮小し、2006年3月期にはセグメントから消えています。2002年3月期以降では、毎年営業利益の段階で大幅赤字が続き、一度も黒字になっていません。
　不動産事業も一時期膨らんだことがありますが、その後は縮小していて、売上高は2004年3月期の1,815百万円から2006年3月期には52百万円にまで低下しています。
　利益面でも、2003年3月期に110百万円の営業利益を稼いだほかは、毎年2〜3百万円の営業利益を上げているだけです。不動産関連事業のための子会社アドバックス・リアルエステートは、現在、営業活動を休止しているとのことです。
　人材派遣業だけが成長を続けており、2006年3月期には733百万円に達していますし、2005年及び2006年3月期で、それぞれ13百万円、4百万円の営業利益を計上しています。

【図表96 アドバックスの事業別セグメント情報の年度ごとの推移】（単位：百万円）

	雪関連	不動産関連	広告関連	人材派遣	その他	合計
2002/3						
売上高	314					314
営業利益	−352					−352
資産	82					82
2003/3						
売上高						
1四半期	55	7				62
2四半期	41	676				717
3四半期	57	356				413
4四半期	35	204				239
年間計	188	1,243				1,431
営業利益	−222	110			−9	−122
資産	124	265				389
2004/3						
売上高						
1四半期	19	329			27	375
2四半期	24	443			49	516
3四半期	29	730	32	11	98	900
4四半期	22	313	27	37	122	521
年間計	94	1,815	59	48	296	2,312
営業利益	−57	2	1	0	0	−53
資産	122	90	18	31	411	261
2005/3						
売上高	80	513	92	216	11	912
1四半期	16	2	7	31		56
2四半期	19	94	67	43		223
3四半期	24	329	6	59	3	421
4四半期	21	88	12	83	8	212
年間計	80	513	92	216	11	912
営業利益	−54	3	−19	13	−4	−60
資産	9	129	7	79	21	246
2006/3	ホテル業					
売上高						
1四半期	0	25	23	91	12	151
2四半期	232	−9	23	109	17	390
3四半期	192	9	4	93	12	292
4四半期	256	27	2	115	12	412
年間計	680	52	52	408	53	1,245
営業利益	11	2	−22	4	−31	−36
資産	94	89	1	94	52	330

注）合計は、内部取引消去前、全社的費用資産加算前のものです。

♣ 人材派遣業とホテル業で当社を支えられるか

　2006年3月期からは、2005年7月に子会社パワープレス所有のスカイリゾートホテルのマネジメントを開始したことから、新規にセグメントに加わったホテル業が680百万円の売上高を計上していて、11百万円の営業利益を計上しています。

　ホテル業の2006年3月期での稼動は9か月に過ぎませんので、年間フルに稼動していれば、9億円程度の売上高になっていたことが予想されますので、ホテル業と人材派遣業が今後の当社の営業の大黒柱になると思われます。

　図表97は、アドバックス社の四半期ごとの連結ベースの売上高、営業利益、当期利益の金額と、総資産、純資産、借入金の残高の推移を示したものです。

【図表97　アドバックスの四半期ごと連結業績・財務諸数値の推移】（単位：百万円）

		売上高	営業利益	当期純利益	総資産	純資産	借入金
2003/3	Ⅰ	62	−106	−98	792	644	71
	Ⅱ	716	−77	−546	842	97	131
	Ⅲ	415	−28	−29	554	68	373
	Ⅳ	239	−16	−123	425	−54	365
	通期	1,432	−227	−795			
2004/3	Ⅰ	376	−72	−77	482	−76	449
	Ⅱ	514	−43	−55	1,474	−131	831
	Ⅲ	903	−104	−122	1,400	−249	1,154
	Ⅳ	517	22	90	302	240	0
	通期	2,310	−197	−164			
2005/3	Ⅰ	58	−70	−71	227	168	0
	Ⅱ	218	−68	−112	731	632	0
	Ⅲ	426	−44	−50	752	606	15
	Ⅳ	201	−70	−265	917	746	14
	通期	903	−252	−498			
2006/3	Ⅰ	153	−74	−70	879	768	13
	Ⅱ	370	−56	−59	929	753	11
	Ⅲ	312	−54	−53	888	737	10
	Ⅳ	371	−49	−57	1,210	1,010	9
	通期	1,206	−233	−239			
2007/3	Ⅰ	217	−76	−78	1,175	1,007	0

♣ 赤字を計上してもすぐに増資により補填ができる

　同社では、2003年3月期から不動産事業が加わり、同年度第2四半期から急増しましたので、全体売上高も2003年3月期第2四半期に大きく膨らんで

います。

　2004年及び2005年3月期の第3四半期にも不動産事業の売上高が膨らんだ関係で、全体の売上高も増えていますが、不動産事業を除いては、売上高の四半期ごとの変動は少なく、あまり季節変動の影響を受けないようです。
　したがって、営業利益の方も四半期ごとの変動が少なく、最近の2年間においても各四半期ともに40〜70百万円程度の営業損失が続いています。
　同社で不思議なことは、毎期大幅赤字が続いて、この4年間にでも合計で17億円近い当期純損失を出しているのに、赤字を計上してもすぐに増資により補填ができることです。
　純資産は2003年3月末に54百万円の債務超過になり、その後2004年3月期第3四半期まで債務超過の状態が続いただけで、その後は純資産が増え続けていて、2006年3月期末には02年3月期末よりも純資産が3億円も増えて10億円を超えていますし、自己資本比率は83.5%に達しています。
　雪関連事業に見切りをつけ、不動産事業、広告事業へ進出し、次は人材派遣業やホテル業に進出するといった当社経営者の行動力が買われ、更にM＆Aの展開に対する期待感などから、投資家の人気を呼んだのかもしれません。

♣ 今後の四半期決算書についてホテル業と人材派遣業の業績推移に注意

　ただ、せっかく集めた資金もほとんどすべてが損失に消えてしまったために、新投資や子会社買収に十分な資金を回せなかったのが、問題のようです。
　現在、ホテル関連事業と、人材派遣業が業績を伸ばしてきていますが、これだけでは、同社の屋台骨を支えるのに不十分なように思われます。
　赤字体質から脱却しないかぎり、株式市場での資金調達には限界があると考えられますので、抜本的なリストラにより、2事業だけで採算がとれるようにするか、後2〜3本の新しい事業の柱を建てる必要があるように思われます。
　今後の四半期決算書について、ホテル業と人材派遣業の業績推移に注意し、リストラの実施状況や、M＆Aの展開などについても注意する必要があります。
　ただ、2007年3月期第1四半期の実績によりますと、ホテル部門の売上高がこれまで最低の183百万円にとどまっているのが気になります。これは単なる季節要因か、一時的な原因によるものか、今後も183百万円程度の売上高が続くのかなどはわかりませんが、一定の室数の中での運営ですから、売上げが伸びるにしても、限界のあることが推察されます。

Q51 粉飾疑惑のある会社の四半期決算書を読むポイントは

Answer Point

♧ライブドアの例を取り上げます。
♧毎期猛烈なスピードで成長していますが、成長は主に新規連結子会社の加入によるもので、前期の決算書との連続性が低い。
♧売上高、経常利益ともにファイナンス部門の比重が著しく上昇していて、他の部門の事業展開に誤算があったことが推察されます。
♧ライブドアにとって時価総額が成長の持続のための重要要素です。

♣新しいタイプの粉飾阻止は監査人だけが頼り

　ライブドアのケースでも、旧経営陣とともに監査人もが逮捕され、監査人が粉飾を容認していた事実が明らかになっています。
　2006年5月26日付の日本経済新聞は、「かつては、粉飾しなければ倒産する企業が粉飾に手を染めた。資産などを実際より多くみせるバランスシート型の粉飾であった。ライブドアは手元資金も豊富で倒産の恐れはなかった。過去の事例とは異なり、売上高の水増しなど損益計算書の粉飾をした。株式時価総額の拡大を意識した新しいタイプの粉飾だ」とのライブドアの元監査人の言葉を紹介しています。
　ライブドアの粉飾は、監査人がいう新しいタイプの粉飾であり、これまで主流を占めた資産水増しなどとは違って、粉飾発見が極めて困難な例です。新しいタイプの粉飾阻止には、投資家や債権者などの利害関係者にとって監査人だけが頼りになります。
　ライブドア事件を含めて、監査についての一連の不祥事件などが続いて表面化したことを契機に、監査が本来の機能を果たせるようになることを期待してやみません。

♣ライブドアのケースでみると

　ここではライブドアのケースを取り上げます。
　ライブドアでは、堀江元社長が粉飾への関与を否定していますが、これまでの報道内容から、2004年9月期決算について53億円の粉飾のあったことは、間違いのない事実と思われます。

ライブドアの最近の決算書から読み取れる同社の業績や財務の特長などを以下に列記します。

♣連結対象子会社の入替りによる連続性の切断
　図表98は、ライブドアの主要な業績と財務数値の推移表です。

　同社では、2001年9月期以降、売上高、経常・当期純利益は急速に伸びていて、2004年及び2005年9月期には3倍近いスピードで増加しています。

　同社では連結子会社数が毎期増え続けていて、売上高などの増加は主に連結子会社の増加によるものと推察されます。

　新規に連結に加わる子会社が多いうえに、株式売却などにより連結から外れる子会社もあって、決算書の内容は1年間で別会社の物のように変わっています。

　その結果、過去の数値との連続性が切断され、業績などでの期間比較が困難になっています。

　Q44で触れた時系列分析法では、過年度の実績値との比較によるものが多いので、M＆Aが盛んで、新陳代謝の激しいグループ企業には効果が低いことが推察されます。

【図表98　ライブドアの主要業績・財務数値の推移】　　　　　　　　　　（単位：百万円）

	2000/9	2001/9	2002/9	2003/9	2004/9	2005/9
売　上　高	1,207	3,601	5,891	10,825	30,869	78,422
経 常 利 益	－180	303	1,138	1,314	5,034	11,262
当期純利益	－104	121	452	489	3,577	15,475
純　資　産	6,118	6,263	6,608	11,942	53,556	193,604
総　資　産	6,380	7,755	9,332	16,640	100,220	330,240
連結子会社数	4社	5社	12社	12社	27社	44社

♣貸借対照表と損益計算書とのタイムラグ
　新規に支配権を獲得して連結に加える場合、貸借対照表はすべて連結されますが、損益計算書やキャッシュフロー計算書は、支配権獲得後の期間だけが連結の対象になります。

　年度末に支配権を獲得した場合には、その年度では損益計算書などはまったく連結されないことになります。

　反対に、子会社を連結から除外する場合には、損益計算書などは、支配権を喪失するまでの期間は連結に加えられますが、貸借対照表は全面的に除外

されるなどで、貸借対照表と損益計算書との間にタイムラグによる中身の不一致が生じることがあります。

　年度末に連結対象になった子会社については、売上高は連結売上高には加えられないのに、資産残高はすべて加えられますので、資産回転期間が実態より長く計算されることが起こります。

　上記については、Q35の楽天の例でも説明していますが、タイムラグの存在や、期間比較が困難なことなどのため、ライブドアのようなM＆Aが盛んな企業については、単純に過去の数値などと比較するのではその実態を見誤る危険性があります。

♣ ライブドアの粉飾を見抜くカギは

　ライブドアの粉飾は、主に自己株式の売却益を事業収益に振り替えた表示の粉飾であったようです。

　この種の粉飾では、資産の水増しや負債の隠蔽などを伴いませんし、利益は実際に実現していますので、外部の分析者が粉飾を見抜くのは極めて困難と思われます。

　ここでは、粉飾を見抜く鍵となりそうな2つの事項について検討します。

♣ セグメント別業績の推移をみると

　図表99は、ライブドアのセグメント別の売上高と、営業利益の最近3期間の推移を示したものです。内部取引などの控除前の金額ですので、合計は損益計算書の金額とは一致しません。

　図表99のファイナンス部門の右側カッコ内の数字は、全体に占めるファイナンス部門の比率であり、売上高、営業利益ともに、年ごとにファイナンス部門への集中が進んでいて、営業利益では2005年9月期には83％に達しています。

　ファイナンス以外の部門では、営業利益の合計値が2004年9月期の3,203百万円から、2005年9月期には2,984百万円にと減少しています。

　同社では、ファイナンス業以外の子会社の買収にも多額の資金を投入しているのに、これら部門は業績が逆に低下しているのは、経営上の大きな見込み違いであったと思われます。

　同社では、この見込み違いをファイナンス部門が補って順調に利益を増やしているのですが、もともと副業であったファイナンス部門だけが大きく伸びているのに疑問が持たれます。

ファイナンス業について、その実態を詳しく調査すれば、粉飾についてのヒントが得られていた可能性があります。

【図表99　ライブドアのセグメント別業績推移】　　　　　　　　（単位：百万円）

	コンサルタント	モバイルソリューション	ネットワークソリューション	ネットメディア	イーコマース	ソフト	イーファイナンス	合計
売上高								
2003/9	1,315	320	3,984	879	797	2,108	2,046（17.9）	11,449
2004/9	2,886	3,251	3,842	3,544	915	1,823	17,035（51.2）	33,295
2005/9	8,152	5,184	4,083	6,953	1,468	8,868	47,675（57.9）	82,383
営業利益								
2003/9	210	104	385	193	40	780	887（34.1）	2,599
2004/9	681	654	701	670	−59	556	5,392（62.7）	8,595
2005/9	497	299	510	346	−400	1,732	14,609（83.0）	17,593

♣会社存続の基盤"時価総額"と業績との関係

　ライブドアのような新興ベンチャー企業では、株式の時価総額が、将来の発展の原動力になっており、企業存続の基盤になっているといわれています。

　高い時価総額を武器にして資金を集め、有望企業を買収するなどで人気を高めて時価総額を上昇させます。更に資金を調達して企業買収を推進し、規模を更に拡大させます。

　このような時価総額と成長の循環構造は、株価上昇が止まると崩壊する危険性があります。そのため株価を上げ続ける必要があるのですが、株価を上げ続けるには、収益力の上昇がなければなりません。

　収益力上昇は、やがては天井にぶつかるのが普通なのですが、天井にぶつかった時点で株価は暴落し成長の構造が崩壊します。

　時価総額が原動力の企業では、時価総額と業績との関係が重要になります。

♣ライブドアの時価総額と経常利益の推移をみると

　図表100は、ライブドアの時価総額と、経常利益の推移を調べたものです。

　ライブドアのように売上高や利益が目覚しく増加を続けている企業では、同じ年度内でも第1四半期と第4四半期とでは収益性の様相が大きく変わっていますので、四半期ごとにみるのが効果的です。

　図表100では、2003年9月期から2006年3月中間期までの四半期ごとの経常利益と、各四半期における時価総額を並べています。時価総額は、各四半

期最終月の株価の終値をもとに計算しています。

　時価総額と業績との間には、タイムラグのあることが予想されます。新しい子会社とグループとの協調態勢が完成し、親会社の経営力やブランド力が新しい子会社の営業に完全に反映されるまでには、ある程度の期間が必要だからです。

　図表100では、最下行に各四半期の時価総額対経常利益率を示しました。

　時価総額と経常利益の間には丸々1年間のタイムラグがあるとして、ある四半期（例えば第3四半期）の経常利益は、丸々1年前の年度の第2四半期末の時価総額に対応するとみて、第3四半期の経常利益を1年前の第2四半期末の時価総額で割って利益率を計算したもので、四半期利益を4倍して、年率にしてあります。図表100の時価総額は、右側のかっこの年度で示したとおり、丸々1年間ほどずらしたものです。

♣時価総額は上昇傾向にあり経常利益についても増加傾向

　図表100では、途中中だるみ期があったものの、全期間を通してみますと、時価総額は上昇傾向にありますし、経常利益についても増加傾向がみられます。

　時価総額と経常利益の間に丸々1年間のタイムラグがあるとの前提の合理性については証明されていませんし、上記の利益率には四半期間のばらつきがありますが、2005年9月期以降の利益率の単純平均は7.8%です。法人税等を考慮しても、この利益率は上場会社として低いものではないと考えます。

　2006年9月期第2四半期以降の経常利益は理論値であり、丸々1年前の時価に対して年率6％の経常利益を上げなければならないとした場合の必要経常利益額であり、2007年9月期第2四半期には、115.7億円の経常利益を上げる必要があることになります。これを単純に4倍すると年額では463億円になります。

　ライブドアでは、株価上昇を追って経常利益が増加しており、2006年9月期第1四半期までは、投資家の利回りに対する期待を一応は満足させていると思われます。

　その結果、一時の中だるみ期があったものの、2005年9月期第3四半期以降は順調に株価が上昇し続けているものと思われます。この株価上昇に合わせて、2006年9月期第2四半期以降も時価総額が上昇を続けていて、このまま行けば堀江元社長の計画どおりに、時価総額世界一の会社になるのも夢ではないような勢いでした。

【図表100　ライブドアの四半期末時価総額と四半期業績の対比表】（単位：億円）

		時価総額（年度）	経常利益	時価総額対経常利益率
2004/9	Ⅰ		6.4	
	Ⅱ	190 （03/9Ⅰ）	14.8	31.2%
	Ⅲ	49 （03/9Ⅱ）	12.8	104.5
	Ⅳ	166 （03/9Ⅲ）	16.3	39.3
2005/9	Ⅰ	291 （03/9Ⅳ）	7.6	10.4
	Ⅱ	1,561 （04/9Ⅰ）	23.2	5.9
	Ⅲ	3,933 （04/9Ⅱ）	21.3	2.2
	Ⅳ	2,518 （04/9Ⅲ）	60.6	9.6
2006/9	Ⅰ	2,528 （04/9Ⅳ）	69.2	10.9
	Ⅱ	2,485 （05/9Ⅰ）	(37.3)	(6.0)
	Ⅲ	2,033 （05/9Ⅱ）	(30.5)	(6.0)
	Ⅳ	4,165 （05/9Ⅲ）	(62.5)	(6.0)
2007/9	Ⅰ	4,689 （05/9Ⅳ）	(70.3)	(6.0)
	Ⅱ	7,711 （06/9Ⅰ）	(115.7)	(6.0)

実績値　↑
必要利益↓

♣時価総額の上昇に合わせて利益が順調に増えている点に疑問

　残念ながら、この計画は堀江元社長の逮捕によって一頓挫したばかりか、これまでの上昇劇の舞台裏まで明らかになったのですが、2006年9月期第1四半期までの状況で判断しますと、ライブドアでは時価総額の上昇に合わせて、利益が順調に増えている点に疑問が感じられます。収益構造がファイナンス部門に集中していることを考慮しますと疑惑が更に膨らみます。

　株式を分割すると、思惑どおりに株価が上昇する。赤字会社でもライブドアの傘下に入ると、たちまち黒字会社になり、株式公開を果たしてライブドアに膨大なキャピタルゲインをもたらす。

　その結果、ライブドアの時価総額は上昇しますが、それを追いかけて利益も増加します。何もかも順調に進んでいるのが異常であると考えることもできます。

♣順調過ぎるのも異常なのであり、そこに何らかの操作がある

　特別な製品やノウハウもない会社が、世界一時価総額の会社に成長するのは、それこそ夢物語なのですが、ライブドアの業績の伸び具合いをみていると、それが夢物語でないように思えます。

　順調過ぎるのも異常なのであり、そこに何らかの操作があると思われます。粉飾を見破るカギがこの辺に潜んでいる可能性があるように思われます。

　堀江元社長体制での経営がもう少し続いていて、時価総額と四半期利益の推移が観察できていたら、両者の因果関係がもう少しはっきりとかっていたかもしれません。

著者紹介

井端　和男（いばた　かずお）

1957年一橋大学経済学部卒業。同年4月日綿実業株式会社（ニチメン・現双日）に入社。条鋼鋼管部長、国内審査部長、高愛株式会社常務取締役などを歴任。1991年公認会計士・コンサルタント事務所を開設。現在に至る。
公認会計士・中小企業診断士。
主な著書に『改訂版・いまさら人に聞けない「与信管理」の実務』『改訂版・粉飾決算を見抜くコツ』『改訂版・いまさら人に聞けない「キャッシュフロー」の実務』（以上セルバ出版）、『倒産予知のための財務分析』『与信限度の設定と信用調書の見方』（以上商事法務研究会）、『キャッシュフロー分析から何が見えるか』（東林出版社）、『企業財務を見る目』（日経BP社．共著）、『現在企業評価論』（日本証券経済研究所．共著）などがある。

いまさら人に聞けない「四半期決算書」の読み解き方

2006年9月25日 初版発行

著　者	井端　和男　　Ⓒ Kazuo.Ibata
発行人	森　　忠順
発行所	株式会社セルバ出版

〒113-0034
東京都文京区湯島1丁目12番6号　高関ビル3A
☎ 03 (5812) 1178　FAX 03 (5812) 1188
http://www.seluba.co.jp/

発　売	株式会社創英社／三省堂書店

〒101-0051
東京都千代田区神田神保町1丁目1番地
☎ 03 (3291) 2395　FAX 03 (3292) 7685

印刷・製本　中和印刷株式会社

● 乱丁・落丁の場合はお取り替えいたします。著作権法により無断転載、複製は禁止されています。
● 本書の内容に関する質問はFAXでお願いします。

Printed in JAPAN
ISBN4-901380-56-7